성경이 살아나는 **비블리오드라마**

이 책은 서울시 삼성동 삼성제일교회 윤성원 목사님과 교우들의
기도 및 후원에 힘입어 출판되었습니다

차례 Contents

Part 1. 비블리오드라마 들어가기

Part 2.
비블리오드라마의 실제

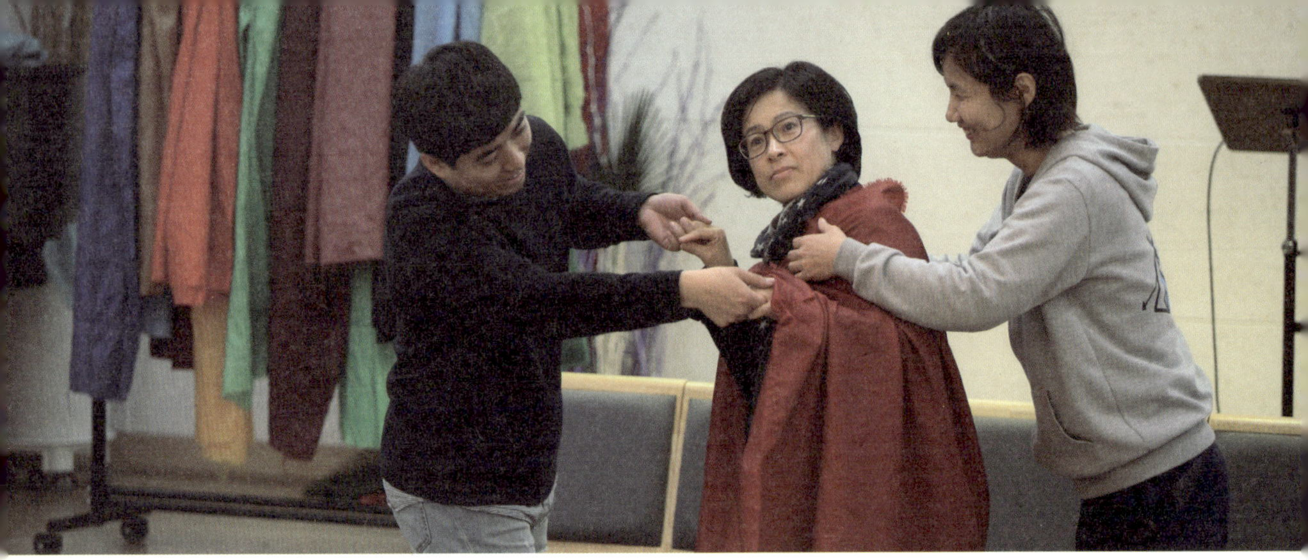

Part 3.
비블리오드라마 사례

혈루증 여인과 야이로의 딸(눅 8:40~56)

Part 4.
비블리오드라마의 활용

추천사 Recommendation

말씀이 **들불처럼 번지기를**

윤성원 목사
삼성제일교회

한국교회의 위기는 말씀의 위기라 할 수 있다. 신앙은 성경말씀을 기반으로 자라나며 신앙인은 말씀의 힘으로 미래를 헤쳐 나간다. 그러나 현대인의 삶은 너무 분주하고 관심을 끄는 볼거리가 가득해 성경과 멀어지기 쉽다. 그래서 말씀을 전하는 목회자로서 나는 늘 고민한다. 어떻게 교인들의 가슴이 말씀으로 다시 불이 일도록 만들까? 어떻게 젊은이들이 말씀을 쉽게 접하도록 할까? 어떻게 신앙이 없는 사람에게 말씀을 전달해야 할까? 그렇게 고민하던 중 김세준 교수를 통해 비블리오드라마를 경험하였다. 처음에는 이게 무엇일까 의아했다. 하지만 프로그램에 참여한 교인들과 청년들이 즐거워하고 성경에 깊이 빠져드는 모습을 보며 직감했다. 비블리오드라마가 변화하는 이 시대 기독교 교육의 대안이 되리라고. 피아노 한 대를 교회에 놓고 찬양하던 시절, 경배와 찬양을 위한 여러 악기가 등장하자 교인들이 거부감을 보였지만 지금은 우리 신앙생활에 중요한 요소가 된 것처럼 비블리오드라마도 교회와 성경 교육에 중요하게 자리 잡을 것이다.

돌이켜 생각해보면 성경은 저자들이 가만히 앉아서 쓴 책이 아니다. 오늘을 사는 우리와 마찬가지로 성경의 인물들도 삶의 질곡을 겪었다. 만나고 부딪치고 아파했다. 그러나 그들은 고통에만 머무르지 않고 하나님께 부르짖었다. 성경은 고통스러운 삶이 하나님을 만나 기뻐하고 새 생명을 얻었다는 생생한 증거다. 그들 삶의 현장에서 건져 올린 이야기이며, 하나님의 역사를 기록한 책이다.

현대인들이 겪는 문제의 양상은 기존의 관점과 문제 해결 방식으로 풀기 어려울 만큼 복잡하고 다양하게 전개되고 있다. 신학은 항상 시대의 물음에 답하고자 노력할 의무가 있으며 목회 현장은 그 실천의 장이 되어야 한다. 그 동안 설교단에서 성경 인물들이 결국 승리했다는 결론을 강조하여 말씀이 선포

되었다면, 이제는 성경의 인물들도 우리와 같은 인간이며 본질적으로 같은 삶의 문제를 가지고 있었음을 추체험(追體驗)하게 해야 한다. 그리하여 말씀을 배우는 것이 삶의 현장처럼 역동적인 '체험'이 되어야 한다. 몸으로 성경을 읽어보고자 하는 운동은 그런 생각에서 일어났으리라 짐작해 본다.

부디 비블리오드라마 운동이 100년 전 한국에 들불처럼 번진 말씀 운동처럼 기독교인뿐만 아니라 세상 모든 이들의 삶을 흔드는 신앙 운동으로 펼쳐지길 바란다. 그래서 부모세대의 신앙 체험을 다음 세대가 다시금 경험하게 하는 좋은 도구가 되기를 기원한다.

비블리오드라마! **강력하고 깊은 변화**를 이끌어내다

김영봉 목사
와싱톤사귐의교회

여러 해 전, 저자 중 한 명인 황헌영 교수가 미국에서 목회할 때 나는 그에게 전화를 걸어 수양회 강사로 와 줄 수 있느냐고 문의했다. 그는 자신이 잘 할 수 있고 하고 싶은 프로그램이 있는데 기존 수양회 형식과는 상당히 다르게 계획해야 하며, 이를 수용한다면 초청에 응하겠다고 답했다. 그때까지는 비블리오드라마를 전혀 몰랐기에 선뜻 용기를 낼 수 없었다. 그러다가 지난 2017년 2월에 다른 저자인 김세준 교수를 통해 비블리오드라마를 체험할 기회를 얻었다. 목회멘토링 사역원 김종희 대표의 추천을 받아 아틀란타에서 모인 목회자 부부 컨퍼런스에 그를 초청했던 것이다.

전형적인 부부 세미나를 예상했던 참석자들은 뜨악한 눈초리를 숨기지 못했다. 하지만 시간이 흐르자 참석자들은 마음을 열었고, 이내 성경 이야기의 주

추천사 Recommendation

인공이 되어 자신의 내면을 드러냈다. 2박 3일 동안 많이 웃었고 또 많이 울었다. 긴장된 표정으로 컨퍼런스를 시작했던 이들이 마칠 때가 되니 몰라볼 정도로 편안해지고 가벼워보였다.

나는 성서학을 연구하고 가르치는 사람이기에 성서 연구 방법론에 관심이 컸다. 학문적인 연구 방법론에도 관심이 있었지만, 일반인에게 성경을 체험하게 하는 방법에 더 관심이 많았다. 성경이 상아탑이나 설교자의 서재 안에 갇히지 않으려면 일반인들이 성경을 직접 읽고 체험하도록 돕는 일이 매우 중요하다고 믿었다. 그동안의 성경 연구 방법론들은 주로 성경이 독자에게 나가는 패턴에 머물렀다. 하지만 나는 진행 방향이 뒤집어져야 한다고 믿었다. 즉, 독자가 성서의 세계 안으로 들어가도록 도와야 한다는 뜻이다. 그러려면 성서 본문을 이해하기 위한 주석과 해석도 필요하지만 참여적 독서와 공감적 체험도 필요하다.

나는 성서학 연구를 시작할 즈음 한스 뤼디 웨버의 성경 연구 방법에 매료되었었다. 그는 합리적이고 이성적이며 분석적인 접근보다는 감성적이고 참여적이며 통합적인 연구 방법이 더 유익한 결과를 만들어낸다는 믿음 위에 당시로서는 창의적인 연구 방법론을 제시했다. 독자가 자신의 상상력을 활용하여 성서 본문 안으로 들어가 현장을 느끼고 체험하도록 돕는 것이었다. 이 방법론은 학문적으로 발전하기에 여러 가지 난점을 가지고 있다. 그래서 학문의 길에 들어선 이후로 나는 한동안 그것을 잊고 있었는데 그사이 비블리오드라마라는 새로운 방법론이 등장했다. 웨버의 방법론이 주로 상상력을 활용하는 것이었다면, 비블리오드라마는 상상력뿐만 아니라 온 몸을 사용하여 체험하게 하는 방법론이다.

나는 김세준 교수가 인도한 컨퍼런스를 통해 비블리오드라마가 얼마나 강력하고 깊은 변화를 만들어내는지 목격했다. 그럴 수밖에 없는 이유가 있다. 비블리오드라마는 우리가 사는 포스트모던 시대에 가장 적합한 교육 방식이기 때문이다. 포스트모던 시대의 사람들은 통합적이고 전인적이고 체험적인 방식에 더 적극적으로 반응한다. 가만히 앉아서 공부하는 것보다 움직이며 체험하기를 좋아한다. 다른 사람이 내리는 지시는 거부하고 스스로 깨달은 진리에는 자신을 던진다. 그렇기에 비블리오드라마가 젊은 세대에게 이토록 강력한 변화를 만들어내는 것이다.

이 분야에 학문적으로 훈련되고 실천적으로 실험해온 두 저자가 이 방법론의 이론과 실제를 소개하는 책을 써주어 기쁘게 여긴다. 이 책의 내용을 충분히 소화하면 자신의 현장에서 이 방법론을 활용하여 결실을 얻는데 부족함이 없을 것이라 믿는다. 더 관심 있는 독자라면 저자들처럼 전문적인 훈련을 받은 사람이 인도하는 비블리오드라마 현장에 가서 체험해 보기 바란다. 체험에 중점을 둔 비블리오드라마 방법론은 책을 읽는 것만으로는 충분하지 않을 수 있다. 나 자신이 현장에서 체험해 보았기에 이 책을 이해하고 소화하는데 훨씬 도움이 되었다. 부디, 이 책이 일방적이고 주입식인 이성 중심의 한국 교회 교육 현장에 새로운 바람을 불러오기를 소망한다.

성경과 독자 간 간극을 좁혀주는 비블리오드라마

유태엽 교수
감리교신학대학교

성서 기자들은 여러 자료를 토대로 복음서를 기록하였다(눅 1:1-2). 하지만 제한된 지면 때문에 불가불 자료를 선별해야 했다(요 20:31). 복음서에 대한 이러한 이해는 나로 하여금 성경에 기록되지 않고 숨겨진 이야기들을 상상하도록 자극했다. 나는 표현되지 않은 등장인물들의 감정과 이야기의 설정을 상상했고 이야기에서 사라진 예수의 육성을 들으려고 노력했다.

십여 년 전 주일예배를 마치고 돌아오는 차 안에서 나는 한 기독교 라디오 방송을 듣고 있었다. 그 방송에서 김세준 교수의 이야기를 들으며 처음으로 비

추천사 Recommendation

블리오드라마를 접하게 되었다. 짧은 인터뷰에 불과했지만 나는 거기서 비블리오드라마가 성경에 기록된 문자들 사이의 여백과 행간을 채울 수 있으리라는 가능성을 보았다. 나는 이 분야의 전문가가 아니다. 따라서 비블리오드라마가 추구하는 '놀이'와 그것이 가져다주는 치유 효과를 평가할 위치에 있지 않다. 하지만 성서 해석에서 비블리오드라마가 어떤 가치를 지니는지는 말할 수 있을 것이다.

성서신학의 시작과 함께 발전한 성서비평은 시공간적 간극을 뛰어넘어 원 저자의 의도를 파악하는 데 공헌하였다. 그러나 한편으로는 신학자와 설교자, 평신도, 각 세대 사이를 더 멀어지게 하고 성경을 더욱 진부하고 어려운 책으로 여기도록 만들었다. 이러한 역사비평의 약점을 극복하도록 돕는 것이 바로 비블리오드라마다.

비블리오드라마는 신학자와 평범한 교인, 세대와 세대, 그리고 무엇보다도 성경과 독자 간 간극을 좁혀준다. 참여자를 방관자가 아닌 말씀 해석자로 위임하기 때문이다. 참여자는 상상력을 활용해 성경을 새롭게 발견함으로써 영적 성숙을 경험한다. 또한 비블리오드라마는 말씀을 구현화한다. 누구든지 쉽게 성경의 세계로 들어가 지금-여기 우리 삶과 잇닿은 살아있는 말씀을 만나게 해준다. 또한 비블리오드라마는 해석의 가능성을 열어 성경의 의미를 넓고 풍부하게 해준다. 그리하여 성경이 참여자의 구체적인 삶의 상황에 답하게 한다. 성경이 시간과 공간을 초월하여 여전히 살아있는 하나님의 말씀인 것은 본디 이러한 초월성 때문이다.

김세준 목사는 비블리오드라마를 한국에 소개한 이 분야의 개척자이다. 이미 여러 전문서적을 저술하였지만, 자신의 경험을 담아 본서를 출간하였다. '성경이 살아나는'이라는 책 제목의 표현이 마음에 와닿는다. 성경은 현대인의 관심에서 밀려나고 있으며, 성서연구 시간이 축소되거나 다른 프로그램에 밀려나는 등 교회에서조차 장식품으로 전락하는 처지다. 성경을 현대에 적용할 수 없는 진부한 것이라고 생각하기 때문이다. 하지만 성경은 세대를 초월한 하나님의 살아있는 말씀이며 인생의 모든 문제에 대한 답을 지니고 있다. 이 책을 통해 독자들이 살아 움직이는 성경의 말씀을 만나길 바란다.

머리로 이해하던 성경공부를 **온 몸으로 경험**하다!!

이의용 교수
문학박사
국민대학교 교양대학

20년 전쯤, 아침마다 예배로 하루를 시작하는 직장에서 근무한 적이 있다. 목사도 아니면서 매일 설교를 하게 되었는데 보통 일이 아니었다. 억지로 끌려온 비신자들도 많았는데, 그들이 졸지 않게 하는 것이 급선무였다. 성경말씀을 업무에 어떻게 적용할 것인지 다루었더니 조는 이들이 크게 줄었다. 또 주 1회 정도는 역할 연기 겸 드라마로 성경을 공부했다. 예를 들면, 가나의 혼인잔치 본문을 읽는다. 그리고 등장인물을 정해 상황에 맞게 즉흥 대사를 만들어 대화를 이어간다. 그런 후에 그 역할을 하면서 느낀 점을 나눈다. 조는 사람이 단 한 명도 없었다. 역할을 맡았던 이들은 미처 예상하지 못했던 감동을 느꼈다고 고백했다. 심지어 시키는 대로 항아리에 물을 담던 하인조차 느낀 점이 있었다. 대성공이었다. 그러나 성경에서 마땅한 장면을 찾아 대본으로 만드는 준비 과정이 결코 쉽지 않았다. 게다가 설교를 그런 식으로 진행하는 것을 기업주가 불편해한다는 언질에 오래하지는 못했다. 그러나 그때의 체험은 20년이 다 된 지금까지 직접 배우 역할을 했던 이에게도, 그 모습을 지켜봤던 이들에게도, 기획을 했던 나에게도 여전히 살아 있다.

가르치는 일을 하는 나는 어떻게 하면 교수자와 학습자가 상호작용을 하고, 학습자가 자기주도적으로 학습하게 할지 관심이 크다. 고민 끝에 찾아낸 것

추천사 Recommendation

이 '놀이 교수법', 즉 학습자가 온 몸으로 놀면서 공부하는 방법이다. 그래서 내 수업은 강의보다 학습자가 직접 주도하며 체험하는 놀이의 비중이 더 크다. 수업에서 다음과 같은 커뮤니케이션 놀이를 해봤다. 놀부 아내가 흥부의 뺨을 주걱으로 때린다. 이런 상황에서 내가 놀부, 놀부 아내, 놀부 큰아들, 흥부, 흥부 아내, 흥부 큰아들이라면 어떤 반응을 보일 것인가? 매우 창의적인 반응이 나왔다. 그중 놀부 아내의 표현이 참 흥미로웠다. 원래 놀부 아내와 흥부는 대학 시절 서로 사귀는 사이였는데 흥부가 자기를 버리고 현재 아내와 결혼을 했다. 그런데 흥부가 지지리도 못 사는 모습을 볼 때마다 화가 나서 견딜 수가 없었다. 그래서 있는 힘을 다해 주걱으로 흥부의 뺨을 때렸다고 했다. 우리의 흥부전 공부 방식은 매우 평면적이다. 흥부전을 이런 식으로 가르치면 얼마나 재미있을까 생각했다.

교육의 효과는 내용을 얼마나 깊이 이해하고 오래 기억하느냐에 달려 있다. 기억해야 삶이 변한다. 그러나 우리 교육은 학교나 교회나 모두 주입식에 이론 중심이다. 그래서 쉽게 잊어버린다. 게다가 내 생각을 표현할 기회는 없고 남의 생각을 암기하는 게 대부분이다. 학교 교육이야 지식 중심이니 그렇다 치지만 삶을 공부하는 교회 교육조차 그걸 벗어나지 못하니 참 안타까운 일이다. 우리나라 인구의 20% 가까이가 기독교인이라는데 왜 세상은 변하지 않는가? 카카오톡 방에 복사 붙여넣기 한 성경말씀이 범람하는데 왜 세상은 변하지 않는가? 그것은 상황(Context) 없이 텍스트(Text)만 익히기 때문이다. 어휘 설명이나 논리 주장으로 나열하는 평면적인 설교나 성경공부가 이런 답보 상태를 만든 주범이다. 성경말씀은 입체적으로 익혀야 입체적인 삶의 정황에서 되살아난다.

그동안 우리는 너무 오래 평면적인 성경공부를 해왔다. 그 결과 성경말씀의 내용을 이해하는 데 그쳤을 뿐, 그것을 입체적인 삶 한 복판에 서있는 나에게 적용하지 못했다. 임신한 아내 마리아와 살아야 했던 요셉의 심정, 예수님의 총애를 받는 동생 마리아를 바라보는 마르다의 섭섭한 마음, 손을 닦으며 상황에서 벗어나고 싶었던 빌라도의 마음, 제자들을 빼앗긴 세례 요한의 심정, 어쩌면 연민의 마음을 감추며 괴로워했을 막달라 마리아의 마음, 형이면서도 동생 모세를 섬겨야 했던 아론의 마음 같은 것은 언제나 생략되는 성경공부를 해오지 않았나 생각한다.

이 책의 추천사 부탁을 받고 원고 전문을 읽어보면서 놀라지 않을 수 없었다. 첫째는 저자의 교수 방식이 내 생각과 흡사하기 때문이다. 특히 '몸'으로 공부하는 공통점이 있었다. 차이라면 나는 어떻게 하면 정보와 지식을 제대로 이해하게 할 것인가에 머물렀지만, 저자는 이를 넘어 전인적 치유를 목적으로 한다는 점이다. 원고를 보면서 많은 부분에 공감하며 공부할 수 있었다. 둘째는 이 책에서 다루는 내용이 책상에 앉아 문헌을 뒤적이며 연구한 것이 아니기 때문이다. 저자는 수많은 교육 현장에서 오랜 임상 실습을 하면서 이 방법의 효과를 체험하고 확신해왔다. 이를 토대로 일방적이고 평면적인 우리나라 성경교육에 '비블리오드라마(Bibliodrama)'라는 새로운 장을 열어주었다. 마침 종교개혁 500주년이 되는 해여서 더욱 뜻깊다.

비블리오드라마는 학습자 스스로 삶의 문제를 해결할 실마리를 성경말씀에서 찾게 해준다. 이 책에 그런 방법들이 충분히 담겨 있다. 모쪼록 비블리오드라마가 우리나라 교회 교육 현장, 직장 성경공부 모임, 가정 성경공부, 신학대학 등으로 확산되어 몸과 삶으로 말씀을 이해하고 표현하게 되기를 기대한다. 우리를 사랑하시는 그리스도의 마음으로 이 책을 써주신 저자 두 분께 감사하며, 한국 교회에 이 책을 감히 추천한다.

추천사 Recommendation

하나님의 말씀이 **우리에게 또렷하게**

임성욱 교수
연세대 신과대학
신약학

성서(聖書)는 죽은 책이 아니다. 성서를 하나님의 계시로 믿는 이들에게는 분명 살아있는 책이다. 성서는 끊임없이 우리에게 말을 걸어온다. 그러나 성서가 우리에게 말하기 위해서는 우리 또한 지속적으로 질문을 던져야만 한다. 우리의 녹록치 않은 삶은 하나님과 하나님이 창조하신 세상에 의문을 품을 수밖에 없게 만든다. 삶의 무게를 감당하기 어려워 지쳐 쓰러지고, 숨을 내쉬기는 것조차 버거울 때도 있다. 바로 이때, 우리의 언어는 삶의 의미를 찾기 위한 처절한 몸짓으로 바뀐다. 이 몸짓 언어가 바로 비블리오드라마에 담긴 철학일 것이다. 비블리오드라마는 하나님이 우리와 우리의 삶에 대해 무어라 말씀하시는지 귀를 기울이는 몸의 언어다. 이 책을 통해 하나님의 말씀에 굶주린 영혼들이 되살아나기를 기대한다. 더 나아가 하나님의 사랑과 정의에 목마른 교회와 사회가 하나님의 말씀을 향해 더 거세게 몸부림치기를 기대해 본다. 우리의 커다란 몸짓을 통해 하나님의 말씀이 우리에게 보다 또렷이 다가오기를, 그리고 우리의 삶이 진정한 의미를 찾아 변화되기를 고대하는 바이다.

몸으로 체험하는 성경말씀

조성기 사역자
소설가, 산울교회

미국 교육심리학자 제임스 애셔는 TPR(Total Physical Response) 이론을 개발하고 외국어 교육에 응용하여 탁월한 효과를 거두었다. 그는 『두뇌 전환(Brain switching)』이라는 저서에서 TPR을 다음과 같이 소개하고 있다. '외국어를 학습할 때 왼쪽 뇌가 말할 준비가 되기 이전에 오른쪽 뇌를 통하여 이상한 소리를 해독해야 한다는 것이 나의 가설이다.' TPR에서 교사는 학습자에게 우선 이렇게 지시한다. '내가 외국어를 말하면서 어떤 행동을 취하면 여러분은 그대로 따라 하십시오. 말하거나 해석하려 하지 말고 저의 행동을 그냥 따라 하십시오.' 즉, 외국어를 학습할 때 온몸을 움직이는 몸짓 언어를 통해 우뇌를 우선 활성화하면 더욱 효과적이라는 말이다. 한국 사람들이 수십 년간 영어를 배워도 실제 대화는 잘 하지 못하는 이유도 좌뇌를 통한 학습만을 되풀이해왔기 때문일 것이다. 영어 시간에 교과서에 나오는 상황들을 몸으로 표현하면서 역동적으로 학습했다면 훨씬 나은 결과가 나오지 않았을까 돌이켜보기도 한다.

우리나라에서는 오랫동안 유교와 서당문화의 영향으로 공손하고 얌전하게 배우는 것을 큰 미덕으로 여겼다. 헬라어 '에클레시아'를 '교회(敎會)'로 번역한 것도 그러한 영향과 무관하지 않다. '에클레시아'는 부름을 받은 무리라는 뜻인데 가르침을 받는 무리라는 뜻으로 번역한 것이다. 성경말씀을 공손하고 얌전하게 잘 배우면 좋은 신자로 여겨진다. 그러나 설교단에서 아무리 우렁차게 성경말씀이 울려퍼져도 아무런 영향력도 발휘하지 못하는 죽은 말씀으로 전락하기 십상이다. 제임스 애셔의 표현을 빌리자면 좌뇌로만 성경을 배우기 때문에 우뇌의 활성화를 통한 체화가 제대로 이루어지지 않는 것이다. '네가 살았다 하는 이름은 가졌으나 죽은 자로다'(계 3:1)라는 말씀이 현대교회의 실상을 그대로 드러내는 셈이다.

다행히도 그 말씀에 이어 '너는 일깨어 그 남은 바 죽게 된 것을 굳건하게 하라'(계 3:2)는 권면이 뒤따른다. 죽기 직전에 이르게 된 것을 일깨우는 사역의 일환으로 1970년대에 등장한 운동이 비블리오드라마이다. 성경말씀을 서당 학습 받듯 하지 않고 직접 몸을 움직여 성경말씀에 참여함으로써 자신의 실존을 발견하고 영적인 치유를 경험하도록 하는 운동이다. 그동안 성극이라는 형식을 통하여 이런 운동의 전초를 보이기도 했지만 대본을 기초로 한 성극과 달리 비블리오드라마는 즉흥적이고 자발적인 참여가 가능하다. 자칫하면 흐트러지기 쉬운 단점이 있기도 하지만 그렇기 때문에 진행자에게 더욱 전문적인 지식과 훈련을 요한다.

추천사 Recommendation

이번에 김세준, 황헌영 교수의 노력으로 출간하게 된 이 책은 실제 사례를 바탕으로 비블리오드라마를 일목요연하게 소개하면서 한국 상황에 적합하도록 응용 방향까지 제시하고 있다. 진행자가 되기 위한 훈련 교재일 뿐 아니라 참여자를 위한 안내서 역할까지 하는 책이라 생각한다.

비블리오드라마 사역을 통해 성경말씀이 설교단과 성경 교재와 교리에 묶인 말씀이 아니라 진실로 '살아 있고 활력이 있어 좌우에 날선 어떤 검보다도 예리하여 혼과 영과 및 관절과 골수를 찔러 쪼개기까지'(히4:12) 하는 바로 그 말씀으로 우리를 일깨우기를 기원한다.

종교개혁의 정신 따라 성경 속으로

추태화 교수
안양대 기독교문화학과

2017년은 종교개혁 500주년을 기념하는 해이다. 세계 곳곳에서 교회가 종교개혁의 정신을 회복하고자 땀흘리는 모습이 역력하다. "의인은 오직 믿음으로 말미암아 살리라"(롬 1:17). 루터에게 임한 하나님의 말씀은 역사를 뒤흔들고 세기를 바꾸었고, 그리하여 종교개혁은 기독교사 뿐 아니라 세계사에 거대한 전환점을 가져온 사건이 되었다.

종교개혁을 이해하기 위해서는 여러 면에서 접근해야 한다. 그중 "기록된 말씀"(Logos)으로 이 역사적 사건을 이해할 수 있겠다. 성경과 연관하여 접근하는 일이 단순하지 않지만 줄여 말한다면 '종교개혁은 성경이 일으킨 역사'라 할 수 있다. 교회와 사제라는 특정 계층의 성경에서 모든 믿는 자들의 성경으로, '갇힌 성경'에서 '풀린 성경'으로, '닫힌 성경'에서 '열린 성경'으로 대전환이 이뤄졌기 때문이다.

그렇다면 이 관점이 종교개혁과 비블리오드라마가 무슨 상관성이 있다는 것일까. 그렇다. 놀랍게도 종교개혁 정신이 비블리오드라마의 존재, 본질과 맞닿아 있다. 비블리오드라마는 종교개혁 정신처럼 기록된 말씀을 살아있는 말씀으로 만나기를 원한다. 이를 다음과 같이 설명할 수 있다.

첫째, 종교개혁은 성경의 해방에서 출발했다. 아니 성경이 믿는 자들을 해방시킨 사건이었다. 중세 시대에 성경은 아이러니하게도 금서였다. 신학을 전문으로 하지 않은 사람이 읽을 때 성경을 오해하거나 자의적으로 해석할 수 있다는 염려 때문이었다. 라틴어를 위시하여 히브리어, 그리스어로 적혀있는 성경을 읽을 수 있는 평신도는 없었다. 성경은 천년 이상 사제의 전유물이었다.

둘째, 종교개혁은 만인제사장설을 적극 실천하려했다. 개혁의 선배들은 하나님과 신앙인 사이에 그리스도 외에는 다른 중보자가 없으며(딤전 2:5), 믿음과 구원을 얻는 길은 말씀을 들음(롬 10:17)에서 시작된다고 확신했다. 결국 모든 신앙인들은 자신의 언어로 성경을 읽을 수 있어야 한다는 결론에 도달했다. 당시 모국어로 성경을 번역하는 일은 목숨을 건 행위였다. 그 전 시대에 영국의 위클리프, 체코의 후스가 성경번역을 하였는데 그 댓가는 혹독했다. 위클리프는 사후에 부관참시를 당했다. 죄목은 성경을 일반 백성들이 읽을 수 있도록 번역했다는 것이다. 후스는 종교재판에 끌려가 변론의 기회도 얻지 못하고 화형을 당했다. 그의 죄목 역시 같았다. 루터는 순교에 이르지는 않았지만 고난의 길을 담대하게 걸었다. 바르트부르크 성에 피신해 있으면서 전념한 일이 성경번역이었다.

셋째, 성경이 보통 사람들의 품에 안겼을 때 믿음에서 비롯된 선한 영향력은 삶의 전 영역으로 퍼져 나갔다. 종교개혁은 교회 개혁에만 머물지 않고 정치, 사회, 경제, 문화 등 광범위한 분야로 확산되었다. 중세 시대를 마감하고 새로운 역사를 연 계기가 바로 성경과의 새로운 만남에 있었다. 루터의 〈교회의 바빌론 유수〉라는 글이 시사하듯, 성경은 문자와 언어의 한계에 갇혀선 안

추천사 Recommendation

된다. 갇힌 상태에서 해방과 자유를 얻어 성도들의 품으로 돌아와야 한다. 다시 말하자면 살아있는 하나님의 말씀인 살아있는 성경은 독자들을 해방시키는 힘을 가지고 있다는 것이다.

종교개혁의 이러한 측면은 비블리오드라마를 이해하는데 도움을 준다. 어찌 보면 비블리오드라마는 종교개혁 정신을 빼닮은 듯하다.

첫째, 우리는 아직까지도 신학 전문가의 성경 해석에 의지하는 경향이 짙다. 아무나 읽을 수 없는, 그래서 덮어놓고 믿어야 신앙적 미덕으로 여기는 풍토는 현대에 드리운 중세의 그림자가 아닐 수 없다. 비블리오드라마는 누구나 성경을 읽어야 하고, 읽을 수 있다고 선언한다. 문제는 '어떻게'이다.

둘째, 비블리오드라마는 "독자의 온몸으로 성경을 체험하라"고 선언한다. 기록된 말씀이 인간의 "눈과 정신"에 갇혀있을 수 없다. 성경은 온몸으로, 삶의 온 정황(Sitz im Leben)으로 체득되어야 한다. 기록된 말씀이 눈과 정신으로만 해석당할 때 성경은 오히려 인간 이성의 한계(Kant) 안에 갇히는 종교경전으로 전락할 위험이 있다.

셋째, 성경을 대하는 자세에 변화가 감지되고 있다. 일반적으로 의식의 주체, 해석의 주체로서 독자 자아가 성경을 읽는다고 본다. 이성 주도의 합리주의 관점이었다. 종교개혁은 은혜를 향해 몸부림치는 실존적 자아를 발견한 사건이었다. 이는 '죄인이 어떻게 거룩하시고 의로우신 하나님을 만날 수 있을까'하는 고찰로 이어졌다. 종교개혁에서 칭의는 주요한 개념이 된다. 거룩한 말씀 앞에 고뇌하는 죄인, 그래서 구원을 갈망하는 죄인의 처절한 인식은 막다른 골목에서 주님이 '말씀'(마 8:8)해 주시길 간구한다. 여기에서 비블리오드라마가 변혁하려는 관점의 역전이 일어난다. "성경이 나를 읽는다." 성경이 '나'를 세밀히 읽을 수 있도록 자아를 드러내는 행위, 살아있는 말씀 앞에 자아를 노출, 폭로시키는 갈급한 행위가 비블리오드라마이다. 독자 한 사람 한 사람이 거룩한 말씀 앞으로 진실되게 나아가려는 순례자의 도정이다. 다른 말로 회심으로 향하고자 한다는 것이다.

넷째, 이렇게 말씀 앞에 자신을 드러낼 준비가 될 때 성령의 역사는 그를 회개로, 치유로, 회복으로 이끄시리라. 그러므로 비블리오드라마는 성경 앞에 겸손과 순종으로 나아가고자 하는 치열한 몸부림이다. 거룩한 영성에 참여하고자 하는 구도자의 몸짓이다. 주님께서 어찌 귀하게 여기시지 않으실까.

그리하여 비블리오드라마는 다음 성구를 온몸으로 실행하고자 한다. "하나님의 말씀은 매이지 아니하니라"(딤후 2:9). 성경은 사람이나 어떤 기관이 독점할 수 있는 대상이 아니다. 또한 어떤 특정 해석에 지배당하지도 않는다. 매이지 아니하신 말씀이 독자의 심령 속에서 말씀하시고 역사하시도록 독자 자신을 여는 행위(open), 그것이 비블리오드라마가 추구하는 이상이라 본다. 주님의 뜻에 거역하게 될까 주저하다 포기하기 보다는, 주님의 뜻이 과연 무엇일까, 오히려 과감하게 되묻고 여쭙는 행위가 종교개혁의 기치이다. "과감하게 죄를 짓되, 철저하게 회개하라." 루터의 주장은 가히 도발적이다. ("과감하게 죄 짓다"라는 말을 오해한다면 루터를 오해하고, 종교개혁까지 오해하게 될 것이다. 바리새인적 위선과 이중성에 속지 말고 진실 앞에 솔직하라는 진의를 파악해야 한다.)

김세준, 황헌영 두 분은 목사, 교수, 상담가 등 여러 직분을 감당하고 있다. 교리와 이론에 충실하지만 한편 도발적이다. 비블리오드라마의 의미를 간파하고 여기에 목숨 건 개혁자들이기 때문이다. 이미 여러 권의 관련 서적을 출간했는데 또 다시 비블리오드라마의 압축권을 선보인다. 무슨 이유에서일까. 우리는 모두 인정한다. 비블리오드라마를 실행하는 인도자는 신학적으로 신앙적으로 부족하고, 또 부족할 수 있다. 하지만 상황이 그렇다고 말씀 앞에 자신을 드러내려 하지 않는다면 말씀의 능력을 받을 수 없다. "하나님의 나라는 말에 있지 아니하고 오직 능력에 있음이라."(고전 4:20) 말씀이 독자 안에서 창조적으로 능력 행하시기를 요청하는 마음이 책을 짓게 하지 않았을까. 오직 성경으로(Sola Scriptura) 하나님의 나라를 함께 나눠보자는 겸비한 자세가 집필을 가능케 했으리라. 두 분의 이 책이 한국 교계와 신앙인들에게, 나아가 성경의 모든 독자에게 말씀과의 새로운 만남을 선사하기를 기대하며 기원한다.

추천사 Recommendation

한국교회는 비블리오드라마와 드라마치료를 받아들일 수밖에 없을 것이다.
그만큼 강력하고 효과적인 교육과 치유의 도구이기 때문이다.
– **한성열** 명예교수(고려대)

성경교육과 교회 프로그램의 대안으로써 드라마치료와 비블리오드라마는
미래 교회가 필히 관심을 가져야 할 분야이다. 성경의 내용이 건조한 옛 이야기에 그치지 않고
오늘 내가 경험하는 삶의 문제와 접촉하고 연결하게 만드는 중요한 역할을 할 것이다.
– **고원석** 교수(장로회 신학대학교 기독교교육학)

정보를 단순히 학생들의 머릿속에 주입하는 전통적 교육방법보다는,
성경의 메시지를 청소년 및 청년들의 삶, 가치관과 연결하는 방법을 제시해 줄 필요가 있다.
그런 면에서 비블리오드라마가 좋은 도구가 되리라 믿는다.
– **신승범** 교수(서울신학대학교 기독교교육학)

성서의 세계와 학생들의 삶의 세계가 역동적으로 만나는 동시에,
성경 이야기를 중심으로 배움의 공동체가 형성된다.
가르치는 선생이 따로 있고 배우는 학생이 따로 있는 것이 아니라
서로가 서로에게 배우는 교육. 비블리오드라마와 액션메소드는
이런 교육의 풍경을 만들어내는 데 가장 적합한 방법이다.
– **손성현** 목사

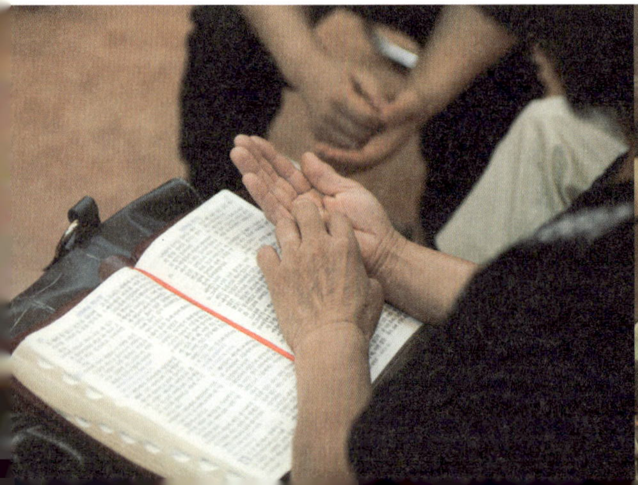

주석서에 의존하는 버릇이 있었는데, 비블리오드라마를 경험해보니 다른 사람은 몰라도 나에게만 다가오는 메시지가 있음을 알게 되었습니다. 평소에 중요하게 생각하지 않던, 혹은 중요하게 생각했던 구절 및 단어가 새롭게 다가오는 경험을 했습니다.

– **김은규** 협동목사

다양한 각도로 성경을 바라보고 제 삶의 모습에 대해 생각해보는 시간을 선물해주었습니다. 또 모든 진행 단계에서 함께 느낌과 생각을 나눈 것이 굉장히 유익했습니다.

– **이향원** 강도사

비블리오드라마를 통해 '아, 이렇게 예수님을 바라보아야 하는 것이구나', '소외된 사람들의 심정은 이런 것이었구나'하고 느끼게 되었습니다. 주인공뿐 아니라 주변에 집중하는 훈련도 해야겠다는 깨달음을 얻는 순간이었습니다. 비블리오드라마가 널리 보급되어서 많은 성도들이 건강한 눈으로 성경과 예수님을 바라보게 되었으면 좋겠습니다.

– **정곤희** 목사

목회는 사람을 다루는 영역이기 때문에 사람의 내면을 깊이 이해할 수 있어야 하는데, 비블리오드라마를 통해 성경 본문을 현재의 실존 가운데 입체적으로 경험한 뒤 설교의 새로운 지평을 열게 되었습니다.

– **김동석** 목사

저자서문 A foreword by author

성경은 묵직한 논리를 펼치는 지식층의 논문집이 아니며 현실을 벗어난 별난 세계의 이야기를 담은 공상소설도 아니다. 성경은 어느 누구에게라도 자기와 연결된 이야기를 발견하게 해주며 이를 통해 새로운 삶으로 나아갈 방향을 제시하고 힘을 주는 책이다. 수천 년 동안 평범한 인간들이 성경을 통해 자신의 삶을 조명하고 나아갈 방향을 찾았으며 상처를 치유 받고 회복되는 새롭고 놀라운 현실을 경험해 왔다. 하지만 언젠가부터 성경은 일반인들이 이해하기에는 너무 난해하고 종교적으로 아주 신실한 사람들에게나 어울리는, 가까이 하기에는 너무 먼 책으로 여겨지게 되었다. 인류 역사상 최고의 고전이자 불멸의 지혜가 담긴 책으로 스테디셀러였으면서도 정작 책을 소유한 이는 일부 사람들(유대-기독교인들)뿐이며 그 소유자들조차도 설교자나 신학자의 강론이 없으면 이해하기 어려운 책으로 소개된다. 그래서 많은 이들은 성경이 자기의 삶과 무관하다고 여긴다. 이런 추세는 기독공동체 안에서도 같은 양상을 보인다. 오늘날, 청소년들과 젊은 세대들을 위해 교회 교육 현장에서 사용되는 성경지도법은 지루하고 재미없어 보인다.

그러나 성경이 처음 형성되기 시작한 고대 시대에는 지금처럼 엄격한 해석의 틀 아래 교리적 의미 해석을 목적으로 성경의 이야기를 사용하지 않았다. 성경은 사람들이 살아가면서 함께 모여 들은 일상의 이야기였고 노래였으며 몸짓이었다. 또한 인간과 조물주 사이에서 빚어지는 창조적 삶의 이야기요 드라마였다. 성경은 머리뿐 아니라 온몸으로 즐기는 신비로운 경험 그 자체였다. 그랬던 성경이 16세기 종교개혁을 거치며 활자로 인쇄된 '책'으로 전달되면서 교리 적용을 위한 주입식 교육 교재가 되어버렸다. 물론, 성경은 신앙 공동체의 믿음을 수호하기 위해 지식적으로 체계화되어야 하며 이를 설득력 있게 전달하려면 이성을 사용한 합리적 해석과 교육이 필요하다. 그러나 성경을 그런 지적 작업의 영역에 머물게 해서는 안 된다. 성경은 '머리'를 넘어서 온 '몸'으로 경험할 무궁무진한 자원을 보유하고 있기 때문이다. 고대인들이 그러했던 것처럼 온몸으로 성경을 듣고 노래하고 춤을 추어 체휼함으로써 감춰진 진리의 구석구석을 음미할 필요가 있다.

성경의 참 맛을 쉽고 재미있게 경험하게 할 좋은 방법은 무엇일까? 성경의 이야기를 뼛속 깊이 느끼며 삶이 변화되는 효과를 맛보는 것은 어떻게 가능한가? '성서극치료'라고도 불리는 비블리오드라마(Bibliodrama)는 참여자가 성경의 이야기 안으로 들어가 그 속에서 인간 삶의 드라마를 경험하는 새로운 성경공부 방식이다. 비블리오드라마는 문헌 비평적 분석과 객관적인 의미해석 방식을 따르지 않는다.

사람들로 하여금 자발적으로 성서의 드라마 안으로 들어가도록 초대하며 거기서 창조적 삶을 경험하도록 돕는다. 따라서 성경 문헌 자체를 비평하는 것은 물론, 질문과 의구심, 감정 표현까지 모두 허용한다. 그리고 이를 온몸으로 표출하도록 하여 성경의 드라마가 전달하는 내용에 깊이 빠져들게 한다. 이 과정에서 참여자들은 성경 속 인물을 자기와 관련 있는 인간의 모형으로 받아들이고 성경 속 인물이 경험했던 삶의 여정과 깨달음을 통찰하여 자기 삶을 살아갈 용기와 힘을 얻는 '성경 놀이'를 즐기게 된다.

이 책은 성경을 '몸'으로 경험함으로써 얻게 되는 교육적 효과와 의미를 밝히고 더 나아가 성경의 이야기를 집단 프로그램에 활용하는 방법을 체계적으로 기술하고 있다. 책의 전반부에는 비블리오드라마의 발전과 주요 이론 이해를 담았고, 후반부에는 지난 15년간 임상 현장에서 비블리오드라마를 실시하여 얻은 지혜를 모아 실제적으로 적용하는 데 필요한 매뉴얼을 마련하였다. 또한 실제로 진행된 비블리오드라마의 과정 및 내용을 축어록 형식으로 싣고 해설을 덧붙였다. 실제 예시를 제공함으로써 독자의 이해를 돕고 집단프로그램의 현장성을 살리는 데 초점을 맞춘 것이다. 독자는 비블리오드라마를 진행하는 집단리더가 어떻게 비블리오드라마를 이끌어가야 하는지, 또한 공감적 접근은 물론 어떻게 참여자들의 자발성을 극대화하여 더 깊은 창조적 활동 단계로 나아갈지 배우게 될 것이다.

이 책을 통해 비블리오드라마를 잘 익혀 소그룹 모임에서나 각종 집단상담 현장, 수련회 등 여러 사람이 모인 자리에서 실행해보기를 바란다. 여러분은 지금까지 전통적인 성경교수법으로 얻지 못한 놀라운 경험을 얻을 것이다. 비블리오드라마는 남녀노소를 불구하고 다양한 계층 집단과 타 문화권 선교지에서도 아주 재미있고 유익하게 활용될 수 있다. 비블리오드라마가 오늘날 한국 교회와 성도들에게는 좋은 성경 교육 대안이 될 뿐 아니라 다른 모든 집단과 공동체에서도 갈등의 고리를 풀고 개개인의 인격적 성장을 불러오며 궁극적으로 사회의 건강성을 높일 것을 확신한다.

2017년 성주산에서 저자들 **김세준, 황헌영**

프롤로그

비블리오드라마와 함께한 나의 여정

- 김세준 -

나의 첫 비블리오드라마 경험

내가 교회를 처음 나간 중학교 2학년 때의 일이다. 그 해 중고등부는 크리스마스에 공연할 연극으로 에스더의 이야기를 다룬 〈죽으면 죽으리라〉를 무대에 올렸다. 당시 나는 햇병아리 신자였던 터라 교회 시스템을 잘 몰랐고 성경에 나오는 이야기는 모두 수수께끼처럼 낯설기만 했다. 교회에 오래 다닌 친구들은 에스더, 모르드개, 하만 등 중요배역을 맡았다. 하지만 나는 무슨 역할을 맡아야 할지도 몰랐고 별 기대 없이 연출자인 교회 담임목회자 사모님의 지시를 기다릴 뿐이었다. 그런데 사모님이 내게 예정에도 없던 광대 역할을 맡기는 게 아닌가? 성경의 주요 등장인물은 다른 아이들이 모두 맡아 더 이상 내가 맡을 인물이 없었던 것이다. 내가 광대가 되는 바람에 대본이 갑자기 대폭 수정되었다. 나는 성경에 나오지도 않는 광대가 되어 하만의 만행을 왕에게 고함으로써 곤경에 빠진 에스더 왕비를 구하고 모르드개를 살리기까지 하는 막중한 역할을 하게 되었다. 그때는 이를 성탄절에 있었던 해프닝 정도의 추억으로 치부하고 큰 의미를 두지 않았다. 하지만 그때 내가 경험한 광대의 이미지는 지금까지 신앙생활에서 경험한 어떤 것보다 강렬하고 긍정적인 인상('나도 교회에서 중요한 역할을 할 수 있다.')으로 내 마음속에 남아있다.

이후 나는 우여곡절 끝에 마침내 신학을 공부해 목회자가 되었다. 그리고 보다 효과적인 사역을 위해 상담 대학원에 진학했는데 거기서 아주 놀라운 경험을 하였다. 어느 강사가 빈 의자를 앞에 놓고 떠오르는 사람에게 하고 싶은 말을 해보라고 했는데 나는 그의 말에 이끌려 여태껏 단 한 번도 입 밖으로 꺼내지 않은 고교 시절 한 친구의 자살 사건을 말하게 됐다. 당시 그 학생은 나보다 한 살 아래로 교회 학생부 회장이었는데 나와 마찬가지로 기독교 집안 출신이 아니었다. 하지만 신앙생활에 아주 열심이었던 친구였다. 그런 그가 갑자기 자살을 하였고 나는 큰 충격을 받았다. 그러나 더욱 충격이었던 것은 그 사건 이후 교회 사람들이 '자살하면 지옥 간다.'고 말하면서 자살자를 외면했고, 나에게 그 사건과 관련된 모든 부정적인 기억과 감정을 서둘러 잊도록 종용했다는 사실이다. 나의 신앙생활에 강렬한 기억을 남겼던 두 번째 사건은 그렇게 잊혀졌다. 물론 완전히 잊지 못하고 마음속 깊숙한 곳에 자리 잡았지만 말이다. 그런데 10년 이상 잊고 지낸 그의 이름이 빈 의자를 본 순간 떠오른 것이었다. 나는 그의 이름을 부르며 말했다. "미안해, ○○아. 그때 너의 장례식에 가지 않아서..."

목회자가 된 후에도 때때로 경직되고, 목회자를 존경하면서도 동시에 의심을 떨치지 못했던 나의 모습이 그 사건에서 비롯되었음을 그 순간 알아차리게 되었다. 어릴 적 그 경험이 나로 하여금 반쪽짜리 신앙생활을 하게 하였다. 마음속 깊이 숨겨두었던 이 아픈 이야기를 재발견하기까지 수많은 시간이 흘러야 했다. 이 과정에서 어릴 적 성탄절 연극의 광대 역할을 하면서 느꼈던 것을 연결 짓게 되었다. 마음 한 편에 해결되지 못하고 남은 것들이라도 드라마 방식으로 표출한다면 그 경험을 과거와는 다르게, 새롭게 경험할 수 있다는 것을 알게 되었다. 집단이나 모임의 지도자가 안전하게 참여자를 이끌어 마음속 이야기와 쌓인 감정들을 건강하게 표출하게 하고 이루지 못한 삶을 드라마라는 장에서 새롭게 경험하게 한다면 그들이 새로운 인생을 살 수 있도록 용기를 선물할 수 있으리라는 확신이 들었다.

비블리오드라마 진행자가 되다

이와 같은 생각을 가지고 나는 사이코드라마와 소시오드라마 등 여러 드라마치료를 경험하면서 다양한 드라마치료 기법들이 주는 힘과 치료 효과를 연구하기 시작했다. 그러면서 유대-기독교 공동체에도 이와 같은 맥을 이어온 여러 전통이 있으며 그 방법이 현대에 이르러 일반 심리치료, 특히 사이코드라마와 같은 드라마치료 기법들과 만나 그 진면모를 드러내고 있다는 사실을 발견했다.

나는 먼저 야콥 모레노의 사이코드라마를 전문적으로 훈련 받았다. 그러면서 사이코드라마에서 행위(acting)를 활용하여 치료하는 기법(Action Methods)이 여러 분야에 활용되며 발전해왔고 현대에 이르러서는 액션메소드와 드라마치료 분야로 세분화되었다는 사실을 알게 되었다. 그중 성경을 이해하고 교육하는 데 액션메소드로 독특하게 접근한 '비블리오드라마'는 신학과 심리학을 함께 활용하는 치유 사역 방법을 모색하던 나에게 매우 유용한 도구로 여겨졌다. 사이코드라마나 드라마치료는 배우기도 어렵고 교회에서 사용하기에는 위험요소가 많다. 반면, 비블리오드라마는 성경을 사용하고 교육적 측면이 강해 교회에서 사용하기 쉽다. 완숙한 비블리오드라마 진행을 위해서는 많은 노력이 필요하지만 나는 작금의 교회 교육 현실에서 비블리오드라마가 교회 교육의 대안이 되기에 충분하다고 판단했다. 그래서 교회 교육 현장 및 상담 현장에 적극적으로 비블리오드라마를 적용하고 보급하였고, 대학에서도 그 기법을 가르치다보니 15년의 세월이 흘렀다.

비블리오드라마를 가르치던 초기에 직면한 가장 큰 문제는 사역자들의 반발이었다. 전통적 해석을 획일적으로 가르치던 교회 교육 풍토에서는 참여자가 성경을 자의로 해석하는 모습이 기존 질서를 무너뜨리고 목회자의 권위에 도전하는 것으로 보였기 때문이었다. 도입 시기가 지나자 신학교에서도 비블리오드라마를 중요하게 연구하고 교회 교육 현장에 보급하기 시작했다. 그러자 이번에는 이를 일회성 성경 교육 방법으로 소비하는 경향이 나타났다. 일부에서는 비블리오드라마를 가벼이 여겨 무시하거나 경멸하는 태도를 보이기도 했다. 비블리오드라마가 한국 교회에 뿌리를 내리기도 전에 소멸할 위험에 처했던 것이다. 이를 극복하기 위해 비블리오드라마 교육 체계를 세우는 일과 지도자 양성이 시급한 문제로 대두되었다.

비블리오드라마는 다양한 모습으로 발전해왔다. 그러나 한 가지 공통점은 모두 몸과 소통에 대한 이해가 핵심이라는 것이다. 몸의 이해가 없는 비블리오드라마는 교리 적용을 위한 역할놀이일 뿐이다. 또 소통에 대한 이해가 없는 비블리오드라마는 지도자 중심의 일방적 교육이 되고 만다. 이 두 가지 중 하나라도 빠지면 비블리오드라마는 내용 없이 형식만 남게 된다. 몸에 대한 이해가 있으면 몸의 자발성을 높이기 위해 놀이가 절대적으로 필요하다는 것을 알게 된다. 또한 소통의 중요성을 알면 관계 맺고, 관계 맺게 하고, 관계를 탐색하는 방식으로 비블리오드라마를 진행할 수 있다. 이를 토대로 미학적· 문학적·신학적 이해가 뒤따라오게 된다.

내가 경험한 비블리오드라마의 힘

수년 전, 나는 독일 튀빙겐 대학 교수 게르하르트 마르틴 마르셀(Gerhard Marcel Martin)이 진행하는 비블리오드라마 워크숍에 참여하였다. 3일간 열린 이 워크숍에서 다룬 본문은 마태복음 4장 1-11절, 예수님이 광야에서 시험을 받는 내용이었다.

마르틴은 어떤 동작이든 40번을 반복하라고 참여자들에게 지시했다. 어떤 이는 팔굽혀 펴기를, 어떤 이는 층계를 오르내리는 동작을, 또 어떤 이는 몸 풀기 동작을 반복했다. 처음에는 우스꽝스러워 보였지만 동작을 반복하면서 우리는 예수의 40일 금식이 얼마나 고통스러웠을지 간접적으로나마 체험했다.

기억에 남는 활동 중 하나는 사탄이 예수에게 성전 꼭대기에서 뛰어내리라고 부추기는 장면을 소그룹 별로 희극, 비극, 부조리극으로 구성해보는 것이었다. 첫 번째 그룹은 예수에게 뛰어내리라고 부추기던 사탄이 도리어 스스로 성전 꼭대기에서 떨어지고 마는 우스꽝스러운 장면을 만들었다. 두 번째 그룹은 예수님이 고통을 견디지 못하고 아래로 뛰어내리는 장면을 비극적으로 묘사했다. 마지막 그룹은 예수님이 성전 꼭대기에서 뛰어내리기를 선택했으나 다시 올라오고 또 뛰어내리는 것을 끝없이 반복하는 부조리극을 보여주었다. 참여자들의 장난기가 다분히 묻어나는 드라마들이었지만 우리 삶과 신앙의 면면이 그 안에 투영되어있음을 발견했다. 어떤 이는 우리 자신이 예수님을 꼭대기에서 밀어 바닥으로 떨어뜨리는 사탄은 아닐까 하는 생각을 나누었고, 또 어떤 이는 세상의 아픔을 짊어지고 성전 꼭대기에서 떨어지고 또 떨어지기를 반복하는 예수님의 모습에서 구원 사역의 위대함과 어려움을 보았다고 고백하기도 했다.

이와 같은 워크숍 활동 중 마르틴 교수가 던진 질문은 나를 강렬하게 사로잡았다. 마르틴 교수는 돌, 떡, 말씀이라는 단어를 제시하고 참여자 각각이 떠올린 이미지와 그 이유를 물었다. 나는 말했다.

"한국 사회에서 돌은 투쟁, 또는 진보의 상징입니다. 그래서 돌은 사회 변화를 외치며 시위하는 사람들의 이미지를 떠올리게 합니다. 떡은 정치인을 떠올리게 합니다. 그들은 늘 풍요를 말하고 떡을 약속하니까요. 말씀은 지겨움과 동의어로 보입니다. 기독교 방송 채널만 틀면 언제든 들을 수 있는 흔하디흔한 것이 되어버렸으니 말입니다."

그런데 이렇게 말하는 내 마음속에 질문이 하나 피어올랐다.

'그렇다면 예수님이 말한 말씀은 무엇을 의미하는 것인가?'

워크숍이 끝난 후에도 이 질문은 내 머리에서 떠나지 않았다. 급기야 하루하루 지날수록 두통을 느끼고 몸을 무거워지는 신체 현상이 뒤따랐다. 쉬이 풀리지 않는 생각이 솟아나면 몸과 마음이 무겁고 아프기까지 하는 내 고질병이 도지고 만 것이었다. '예수님이 말한 말씀의 의미는 도대체 무엇이란 말인가?'

그러다 어느 날, 나는 상상 속에서 사막을 바라보았다. 아무도 없는 사막에 시선을 두는 예수님이 그 곳에 있었다. 뒤를 돌자 나는 예수님의 시각으로 예루살렘을 보게 되었다. 장터 마냥 복작대는 사람들의 모습이 보였다. 그들은 히브리 백성이자 로마의 속국으로 전락한 식민지 백성이었다. 그들은 하나님의 말씀인 토라를 항상 삶의 중심에 놓고 살았으며 그들의 모든 대화는 신학적이고 신앙적이었다. 해질녘 한계령을 넘으면 속초 시내의 불빛이 아스라이 보이듯 예수님의 눈에는 예루살렘이 그리 보였으리라.

나는 예수님이 되어 사막과 예루살렘을 번갈아 보았다. 말씀이 차고 넘치는 예루살렘과 아무것도 살지 않는 사막, 그 가운데 예수님이 서 계셨다. 그리고 일갈(一喝)하신다.

"하나님의 말씀으로 살리라!"

이는 예루살렘에 흔하디흔하던 말씀이 아닌, 세상을 살리는 새로운 말씀을 선포하는 것이었으리라. 교양거리로 소비되고 외면당하는 말씀이 아니라 풀 한 포기 없는 사막에 생수가 흐르도록 하는 말씀, 바로 그 말씀을 길어 올리는 외침이었다.

일주일간 나의 정신과 마음을 괴롭힌 고통이 눈 녹듯 사라졌다. 오랫동안 비블리오드라마를 진행해온 나였지만 새로이 전율을 느끼는 순간이었다. 비블리오드라마의 힘은 바로 이런 것이다. 자, 이제 비블리오드라마의 기본 개념과 실제 진행법으로 들어가 보도록 하자.

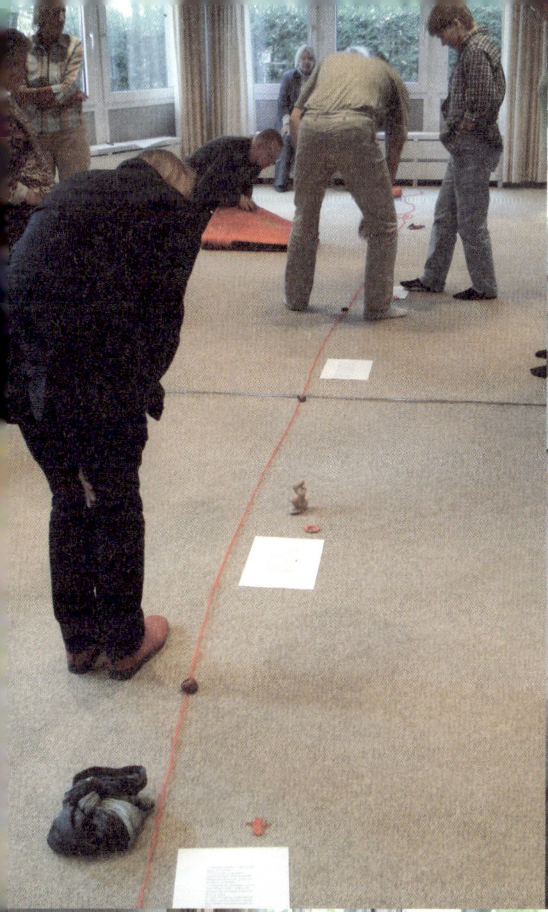

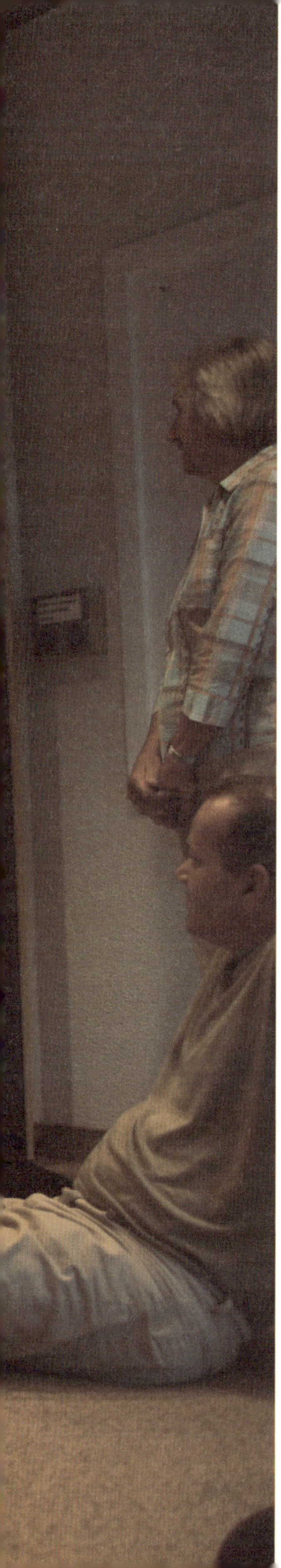

Part 1
비블리오드라마 들어가기

[일러두기]
Part 3 비블리오드라마 사례에 실린 누가복음 8장 40-56절 말씀은
개역개정본을 사용하였으며 그 외 모든 성경 구절은 새번역본을 사용하였다.

비블리오드라마란?

비블리오드라마는 '책, 두루마리, 텍스트'라는 뜻의 '비블리오(biblio)'와 행위를 뜻하는 '드라마(drama)'의 합성어다. 즉, 텍스트의 내용을 극화하는 것이다. 비블리오드라마는 기존의 대본극과 달리 극에 참여하는 집단원의 상호작용을 통해 만들어가는 즉흥극의 성격을 가지고 있다. 다양한 텍스트로 비블리오드라마(bibliodrama)를 할 수 있으나 특별히 성경 텍스트에 행위방법(액션 메소드)으로 접근하는 것을 지칭할 때 대문자 B를 써서 'Bibliodrama'라고 표기한다.

피터 피첼은 유대교의 성경 이해 방식인 '미드라쉬(Midrasch)' 전통으로 비블리오드라마를 설명하면서 "검고 흰 불꽃"이라 표현했다. 검은 불꽃이 성경에 기록된 문자라면 흰 불꽃은 그 문자들 사이의 여백, 행간이다. 흰 불꽃은 인간의 상상력과 창조성으로 채워지며 소설가나 화가 등 예술가는 바로 이 여백에서 작품을 탄생시킨다. 비블리오드라마가 아름답고 흥미로운 이유는 이처럼 흰 불꽃(여백)을 극화하여 검은 불꽃(텍스트의 내용)을 더 깊게 이해하려는 예술적 작업이기 때문이다. 그래서 비블리오드라마에는 성경본문에 드러난 인물 - 아담, 하와, 모세, 다윗, 예수, 마리아, 베드로 등 - 뿐 아니라 성경에 나오지는 않지만 있을 법한 인물 - 모세의 아버지, 베드로의 아내, 탕자의 어머니 - 이 등장한다. 또 선악과, 모세의 지팡이, 다윗의 물맷돌, 탕자 이야기의 살찐 소 등 무생물이나 동물, 그리고 하나님, 성령님, 천사 같은 영적 존재가 등장하기도 한다. 비블리오드라마에서는 이 모든 것이 시대를 뛰어넘어 만남을 이룬다. 하와와 예수님이 만나고, 모세와 바울이 만나고, 오늘날을 사는 우리와 성령이 직접 조우하는 만남의 드라마가 펼쳐진다.

만남의 가능성은 성경을 전문적으로 연구한 학자나 성직자에게만 열려있는 것이 아니다. 비블리오드라마는 성경 전문가나 평범한 교인은 물론, 이제 막 교회에 발붙인 사람, 아니 비신자까지도 성경 텍스트 앞에 모두 평등하게 서도록 한다. 왜냐하면 비블리오드라마는 신학적 해석이나 특정 교리를 교육하기 위한 도구가 아니라 참여자가 성경 텍스트 안으로 들어가 새로이 성경을 경험하고 깨닫는 장이기 때문이다. 머리로 판단하고 비평하는 것이 아니라 서로 수용하며 함께 몸으로 성경을 읽어나갈 때 참여자들은 성경이 주는 무한한 세계를 경험하게 된다.

비블리오드라마의 등장 배경

기계 문명과 미디어가 급격히 발전하면서 사람들은 더 이상 많은 양의 정보를 축적할 필요를 잃었다. 정보의 홍수 속에 사는데다 언제든 단말기 하나면 원하는 정보를 즉각 얻을 수 있기 때문이다. 정보를 습득하는 방식이 종이책에서 전자책으로 점차 전환되고 있다. 이제는 주어진 정보를 얼마만큼 머리에 축적하느냐보다는 필요로 하는 정보에 얼마나 쉽고 빨리 접근하느냐가 관건인 시대가 되었다.

이런 변화와 더불어 뇌신경과학계는 인간의 인지 및 행동을 연구하던 중 새로운 사실을 발견했다. 인지와 정서, 신체는 상호 관련되어 통합적으로 발달하며, 신체 활동을 통해 학습하고 경험한 것은 기존 인지주의 학습의 한계를 뛰어넘는 새로운 차원의 인식을 가져온다는 것이다. 이는 놀이의 재발견과 맥을 같이 한다. 놀이는 놀이에 참여한 이에게 그의 모든 경험과 지식을 총체적으로 끌어오도록 요구한다. 이 때문에 놀이는 하면 할수록 더욱 깊은 몰입을 가져오며 이를 통해 인지와 사회성, 정서가 발달하게 된다. 특히 놀이는 학습 능력 향상에 근본적인 영향을 미친다. 이러한 발견들은 교육의 틀을 전환시켰다. 인지적이고 주입식이던 과거의 교육 방식이 경험과 관계, 소통을 강조하는 교육으로 바뀌었으며, 몸을 활용한 놀이가 교육에 적극적으로 활용된다. 머리에 호소하는 시대에서 몸 전체에 호소하는 교육의 시대로 바뀌었다 해도 과언이 아니다. 이 흐름을 타고 액션메소드가 교육현장에 활용되기 시작했다. 액션메소드(Action Methods, 행위방법)는 신체를 통해 정서와 지각의 변화를 꾀하는 접근 방법으로, 연극의 교육적 요소와 심리극, 드라마치료에서 영향을 받은 치료적 요소를 포함한다.

기독교 교육론도 시대에 발맞추어 발전해왔다. 하나님 경험을 구전으로 전달했던 구약시대와 사제와 지식인만 성경을 읽을 수 있었던 중세시대에는 교사 중심의 주입식 교육이 이루어졌다. 1450년경 금속활자술이 발명되어 성경이 대량으로 보급되고 인문주의 사상이 확산되자 평신도들은 직접 성경을 읽고 해석하여 교회의 가르침을 비판적으로 수용하게 되었다. 그 결과 종교개혁 사상이 급속히 확산되었고 이후 개신교회는 각각 자기 교파의 신학을 체계적으로 정리하고 발전시키면서 성경을 가르치는 전문 인력을 양성하였다. 오늘날 대중의 지식수준이 높아지고 기술의 발달로 다양한 정보를 주체적으로 선택해 습득할 수 있는 시대가 되면서 과거의 주입식 교육은 자연스레 약화되었다. 기성세대가 성경을 읽고 외우고 필사까지 했었다면 어린 세대는 가만히 앉아 성경을 읽거나 쓰는 것조차 어려워하는 현실이 되었다.

오늘날 신자들은 삶에서 부딪치는 다양한 문제를 전통적 설교나 성경 교육만으로 해결하는 데 한계를 느끼고 있다. 농경사회나 산업사회에서는 삶의 경험이 제한적이고 삶의 형태가 단순해 단일한 주제의 설교나 성경 교육으로 청중의 삶을 담아내는 데 별 무리가 없었다. 그러나 이제 우리는 다양한 방식으로 살아가고 인터넷을 통해 전 세계와 소통한다. 이런 현대인의 삶은 주어진 텍스트를 단일한 문화, 언어, 역사 및 사고방식으로 해석하는 것만으로 충분히 담아내기 어렵다. 이에 대응하여 현대의 다양한 상황을 반영한 가정사역, 치유사역 또는 소그룹 운동 등이 일어났으나 일시적인 교육에 그치는 경우가 대부분이며 '머리'로 행하는 교육 수준을 벗어나지 못한다. 일상적으로 벌어지는 가정 내 갈등이나 폭력, 상처 문제는 일시적 교육이나 인지적 방법으로 해결하기 역부족이다. 강의를 들으면 머리로는 이해가 되어 곧 문제를 해결할 수 있을 것 같은 착각에 빠지지만 막상 삶의 정황으로 돌아가면 '몸'이 따라주지 않는다. 교회가 많은 설교와 교육 프로그램을 제공하면서도 신자와 사회를 변화시키지 못하는 것은 이런 이유 때문이다. 비블리오드라마는 이러한 필요에 부응하는 가장 효과적인 교육방법이며 공동체 훈련이다.

비블리오드라마는 개인과 공동체의 문제를 교회 교육의 근간인 '성서 안에서' 다루는 도구라는 점에 큰 의의가 있다. 비블리오드라마에서 참여자는 몸으로 성경 텍스트 안에 들어가 성경 인물들과 대화하고 고민하면서 자신을 발견한다. 참여자는 삶의 문제를 새로운 시각에서 다룰 용기를 얻으며 실제 삶에서 실천할 수 있도록 필요한 역할들을 연습할 기회를 제공받는다. 이 과정에서 개인의 문제가 해결되는 것은 물론, 공동체 내 갈등을 해결하고 성장하게 된다.

정리하면, 신학자들이 정립한 전통적 해석을 전달하는 것을 교육의 중심에 두었던 시기를 일컬어 1차 신학 시기, 심리·사회학적 틀을 성경에 적용하여 교육하고자 했던 시기를 2차 신학 시기로 구분하여 명명할 수 있다. 1, 2차 신학 시기를 지나 개인 각각이 경험하는 성경 내용에 중점을 두는 오늘날의 교육은 '적용 신학'이라 부를 수 있다. 이와 같은 변화의 흐름을 타고 성경 교육에 액션메소드가 활용되기 시작했고 비블리오드라마가 등장하였다.

비블리오드라마의 초기 모습은 성경 교육에 소품이나 간단한 액션메소드를 활용하는 것이었다. 심리극에서 배운 역할 바꾸기 기법을 써서 예수님을 경험해보게 하거나 빈 의자 기법으로 성경인물을 상상하게 하는 정도였다. 점차 더욱 정교하고 체계적으로 액션메소드를 활용하게 되면서 비블리오드라마는 놀이를 통해 몸과 마음을 이완하는 '워밍업' 단계, 성경 본문을 액션메소드로 경험하는 '드라마' 단계, 드라마 단계에서 발견하고 느낀 것을 함께 나누는 '나누기' 단계로 이루어지는, 전 세계적으로 공통된 형식을 갖추게 되었다. 이제 비블리오드라마는 전 세계에서 가장 각광받는 교회 교육의 대안으로 자리 잡고 있다.

비블리오드라마의 목표

비블리오드라마는 특성상 뚜렷한 목표를 달성하기 위해 직선적으로 진행되지는 않는다. 다만 참여 집단의 특성 또는 진행자의 교육 방향에 따라 구체적 목표를 설정할 수는 있다. 비블리오드라마의 목표는 크게 보면 현재를 사는 우리들의 실존적 모습을 성경의 인물이나 장면에서 발견하는 것이다.

세부적인 목표는 첫째, 참여자들이 성경말씀에 관심을 갖게 만드는 것이다. 사람들은 익숙한 것에 관심을 쏟지 않는다. 비블리오드라마는 성경에 익숙해져 흥미를 잃은 참여자들이 활동에 즐겁게 참여하면서 성경을 새롭게 발견하고 영적 성장을 도모하게 한다.

둘째, 신체를 매개로 이루어지는 인지와 표현의 차원을 발견하는 것이다. 뇌신경과학계는 인간이 뇌뿐만 아니라 신체 활동을 통해 환경과 역동적으로 상호작용하면서 의미를 습득하고 창조하는 존재임을 밝혀냈다. 이에 따라 이성과 사고를 강조하는 데 치우친 인간 이해와 교육방법론의 한계를 극복하고 몸의 중요성을 강조하는 새로운 운동이 일었다. 놀라운 것은 기독교 전통에서도 신체의 중요성을 다루었다는 것이다. 이원적 세계관을 지닌 헬라 전통에서는 인간 존재를 육체(물질)와 영혼(정신, 이데아)으로 분리하여 사고하였으며, 물질로 구성된 육체는 본질적으로 악하고 영은 선한 것으로 보았다. 그러나 성경이 태동한 히브리 전통의 육체와 영혼 이해는 다르다. 히브리 전통에서는 육체와 영혼을 대립한다고 보지 않았다. 이러한 히브리의 인간이해를 드러내는 것이 성경에서 인간을 가리킬 때 일반적으로 사용한 히브리어 단어 '네페쉬(nephesh)'이다. 네페쉬는 맥락에 따라 숨, 생명, 혼, 마음 등으로 번역되며 영적, 육적 요소를 다 포함한 인격체로서의 개개인, '존재'를 의미한다. 즉 히브리인은 인간을 영혼육이 합일된 통합적 존재로 이해한 것이다. 이제까지 교회 교육이 성경 지식을 강조하고 주입하는 데 중점을 둔 헬라식 교육 방식이었다면, 성경을 머리로 이해하는 것을 넘어서서 몸으로 이해하고 표현하기를 시도하는 비블리오드라마는 헬라 전통과 히브리 전통을 통합하는 작업이라 할 수 있다.

셋째, 성경본문에 질문을 불러일으켜 참여자가 성경에서 삶의 문제에 답할 실마리를 찾도록 유도한다. 질문을 가진 사람은 성경을 탐구하고자 하는 욕구가 오히려 더 강하다. 비블리오드라마는 질문이 많은 참여자에게 특별히 더 효과적이다. 참여자는 본문 속 인물들을 자신의 입장에서 바라보고 해석한다. 뒤이어 다른 참여자의 경험과 해석을 보고 들으면서 상호 해석이 일어난다. 이 과정에서 참여자는 각자의 현실에서 겪는 문제를 성경에서 발견하고 해결 방법을 찾기 위해 노력하게 된다.

놀이와 치유가 있는 비블리오드라마

치료가 과학적 방법으로 사람의 고통을 돕는다면 치유는 개인의 내적 힘을 발휘해 변화를 가져온다. 그런 의미에서 모든 교육은 치유의 속성을 가지고 있다. 놀이는 행동하며 배우는 최초의 시도이며 어른, 아이 할 것 없이 살아가는 데 기본이 된다. 놀이의 범위는 아이들이 소꿉놀이를 하며 역할을 배분하고 시도해보는 역할놀이에서부터 성인이 연극적 요소를 더하여 사회 현상을 가상에서 재연하는 것 모두를 포함한다.

극적 놀이(dramatic play)는 가상과 현실, 양 측면을 모두 포함한다. 인간은 가상 세계에서 이루어지는 극적 놀이를 통해 현실의 삶에서 미처 해보지 못했던 것들을 시도하며, 이 과정에서 실제 삶의 다양한 측면을 배우게 된다. 그래서 놀이는 치유의 다른 형태이며, 치유과정은 곧 놀이라고 말할 수 있다. 이런 이유로 오늘날 심리치료사들은 역할놀이를 치료에 적극적으로 활용하고 있다.

비블리오드라마는 극적 요소와 놀이적 요소를 함께 가지고 있다. 비블리오드라마에 '놀이적 요소'가 있다고 말할 때 놀이는 '극적 놀이(이하 극놀이)'를 의미한다. 즉, 비블리오드라마는 성경 텍스트를 기반으로 극놀이를 하는 것이며 이를 통해 참여자는 성경 이해뿐 아니라 다양한 측면의 성과를 이룰 수 있다. 특히 참여자는 극놀이를 통해 과거의 경험을 새롭게 재구성하는 기회를 얻게 된다. 예를 들어, 참여자는 탕자 역할을 맡아 굶주리고 돼지들에게 놀림 당하는 장면을 연기하면서 실제 삶에서 경험했던 비참한 기억을 떠올릴 수 있다. 실제 삶에서 불행한 과거를 극복하지 못했거나 자신을 억누르는 상대에게 항의하지 못했었다면, 극놀이에서 돼지와 대면하고 상호작용하면서 얻은 카타르시스를 통해 현실을 극복할 실제적 힘을 얻게 된다. 궁극적으로 극놀이는 현실에 영향을 미쳐 참여자의 상처를 치유하고 극복하도록 돕는다. 이것이 바로 비블리오드라마의 치유적 속성이다.

비블리오드라마는 개인사나 그에 얽힌 상처를 직접적으로 드러내게 하지 않는다. 이 점에서 일반 상담 치료와 거리가 있다. 그러나 성경을 우리 삶과 연결하는 작업이기에 성경 이야기에 자신을 투영하면서 간접적으로 자신을 발견하도록 돕는다. 비블리오드라마의 특징인 자기 이야기하기, 상호작용, 역할 해보기, 카타르시스 등의 요소는 충분히 치유적 속성을 가지고 있으며 현실 인식, 대인관계, 자기발견 등 내적 성장을 가져오는 훈련의 기회를 제공한다. 사적인 영역에 과도하게 접근할 위험성 때문에 혹자는 비블리오드라마 활동 시 치유의 전 단계까지만 가야 한다고 말하거나 심리치료적 요소를 제거해야 한다고 주장한다. 그러나 참여 집단과 공동체의 특성에 따라 형태와 방식은 다양하게 응용, 접목할 수 있다. 분명한 사실은 비블리오드라마가 놀이에 기초한 작업이며, 자기발견 등 치유적 요소를 갖고 있다는 것이다. 이를 어떻게 미학적으로 승화시킬 것인지는 진행자의 역량에 달려있다.

비블리오드라마와 역할

연극에서 비롯되어 발전한 역할 이론은 역할 훈련을 통해 기업 생산성을 높이고 가족 갈등을 해결하는 등 현재 다양한 영역에 활용되고 있다. 심리극의 대부 모레노는 다음과 같이 역할을 정의했다. “역할이란 자아가 취하는 구체적인 형태이다.” 이 명제는 새로운 인간이해와 접근법을 제공하는 시발점이 되었다. 자아는 눈에 보이지 않는 형태(비가시적)로 존재하지만, 역할은 눈에 보이는 형태(가시적)로 존재하기 때문에 역할을 활용하여 자아를 변화시키기 위한 노력을 펼칠 수 있다. 즉, 역할 이론은 인간의 성격이 유전적 특질에 따라 형성되는 것이 아니라 역할의 상호관계 속에서 형성된다고 본다. 이렇게 이해할 때 인간의 발달은 역할이 확대되는 과정이라고 정의할 수 있다.

지금까지 기독교 교육은 역할의 중요성을 간과하였다. 그러나 현대 사회에서 개인은 다양한 문제에 직면해있으며, 달리 표현하면 다양한 역할을 수행하는 데 문제를 겪고 있다고 말할 수 있다. 역할 이론으로 설명하면 비블리오드라마는 성경을 텍스트 삼아 펼치는 역할극이다. 참여자가 해보지 못한 역할을 해보고, 익숙한 역할을 새롭게 경험하며, 다른 사람의 역할을 이해하는 기회의 장이다. 역할을 충분히 이해하는 진행자는 비블리오드라마라는 극적 요소를 적절히 활용하여 참여자의 역할을 훈련시킴으로써 그가 현실에서 겪는 문제를 해결하도록 돕는다. 이제 비블리오드라마에서 역할을 어떻게 활용하는지 더 구체적으로 살펴보도록 하겠다.

비블리오드라마는 즉흥적으로 진행되기 때문에 참여자 내면에 숨어있던 말이나 정서가 자연스럽게 드러나게 된다. 또 참여자가 실제 삶에서 수행하는 역할과 사회관계, 그가 가진 문제 등이 드라마에 묻어나게 된다. 참여자는 드라마 안에서 다양한 역할을 수행하면서 텍스트에 가까운 연기를 하거나 또는 자기 자신에 가까운 역할을 한다. 이를 역할 거리라고 한다. 참여자의 연기가 텍스트에 가깝다면 역할 거리가 멀다고 말하고, 연기가 참여자 자신에 가까우면 역할 거리가 가깝다고 표현한다. 역할 거리가 가까우면 가까울수록 정서 표현이 많아지고, 멀수록 정서 표현이 적어진다. 진행자가 역할 거리를 잘 활용한다면 드라마를 더욱 극적으로 진행하고 효과적인 드라마를 보여줄 수 있다.

역할을 깊이 이해할수록 진행자는 참여자의 역할 간 상호작용을 잘 활용하게 된다. 참여자는 익숙하거나 낯선 역할, 현실에서 해보지 못하거나 할 수 없는 역할 등을 해보면서 자신을 발견하고 보다 넓은 역할을 경험하며 역할 수행을 위한 상상력을 키우게 된다. 예를 들어 탕자와 아버지의 대화 장면을 연기할 때, 성경 등장인물 역할 뿐 아니라 하나님을 대하는 역할 혹은 실제 아버지를 대하는 역할 등 참여자의 다양한 실제 역할이 동시에 드러난다. 역할 연기가 끝나면 드라마 속 역할이 현실에서 자신의 역할로 흡수된다. 이로써 궁극적으로 참여자의 자기정체감이 확장된다. 즉흥극을 통해 인간을 변화시키고자 시도하는 근거가 바로 여기에 있다. 진행자는 비블리오드라마가 성경 내용을 전달하는 수단 이상의 기능과 효과를 가지고 있음을 분명히 알아야 한다.

비블리오드라마와 예술

예술은 일상의 모습을 낯설고 새롭게 보게 한다. 즉, 전과 다른 시각과 감정을 불러일으켜 삶을 풍요롭게 만드는 작업이다. 예술가는 사실 혹은 진실을 노골적으로 보여주기보다는 숨기거나 비틀어 관객이 직접 그 의미와 진실을 찾도록 유도한다. 이때 관객과 예술가 간 쌍방향 소통이 일어나는데 이를 기표와 기의라는 개념으로 설명할 수 있다. 기표는 작품 표면에 드러나는 외형 이미지이며 기의는 작가가 작품에 담은 의미이다. 관객은 저마다 해석 작업을 통해 작가의 의도를 파악하고자 한다. 작가가 의도를 깊이 숨기고 많이 비틀수록 이를 찾고자 하는 관객의 노력이 치열해진다. 그러나 너무 난해하면 관객은 예술 작품에서 멀어지기도 한다.

성경 텍스트에 예술적으로 접근하려는 시도는 기독교 역사가 시작된 이래로 계속되어 왔다. 기독교 미술가들은 성경의 장면을 회화로 전달했다. 이들은 성경의 장면을 단순 묘사하는 것에서 더 나아가 예술적 상상력을 발휘하여 텍스트에서 기록된 그 이상의 것을 작품에 표현해냈다. 이러한 작품은 창작자의 신앙 고백 차원을 넘어 대중의 기독교 이해를 돕고 기독교인에게는 신앙에 풍요로움을 준다고 평가 받는다. 회화뿐 아니라 조각, 문학 등 다양한 예술 분야에서 이런 시도를 찾아볼 수 있다. 비블리오드라마는 참여자가 예술적 상상력을 발휘해 기존의 인식과 틀을 벗어난 다양한 측면에서 성경 텍스트에 다가서게 만듦으로써 예술적 속성을 갖는다. 회화, 조각, 연극 등 다양한 예술 형식이 동원되므로 종합 예술이라고도 표현할 수 있다.

상황을 설정하고 그 안에서 인물과 인물이 만나면 문자에 국한되어 협소했던 의미가 확대되고 생명력이 생긴다. 그리하여 비블리오드라마는 삶과 신앙에 대한 은유가 된다. 설교 예화가 일차원적 은유라면 비블리오드라마는 다차원적 은유와 해석의 장이다. 비블리오드라마는 성경 텍스트에 새로운 시각을 열어주는 예술 작업이며 그 과정에서 순간순간 드러나는 행위와 즉흥 대사는 우리 삶의 자화상이자 하나님을 향한 신앙 고백이 된다.

활동 시 주의점

비블리오드라마는 진행자에게 드라마치료나 심리치료 자격증을 요구하지 않는다. 신학자나 목회자처럼 성경 지식이 해박해야 하는 것도 아니다. 비블리오드라마는 기존의 신학 해석이나 교훈을 가르치려는 것이 아니라 극적 상황과 행위방법(액션메소드)을 통해 참여자들이 함께 다양한 의미를 만들어가는 과정이기 때문이다.

비블리오드라마에는 교육적, 치유적, 미학적 측면이 있으며 인도자에 따라 다양한 양태로 펼쳐진다. 그러나 각 측면이 뚜렷이 나뉘는 것은 아니다. 그러므로 비블리오드라마를 풍성하게 다루고 다양한 상황과 참여 집단을 대상으로 진행하려면 어느 정도 훈련이 필요하다. 그 훈련이란 성경 텍스트와 개인의 이야기를 연결하기 위한 행위 전략 능력을 기르는 것이다. 또 치유적 비블리오드라마 상황에서 적절히 대처하는 능력도 요구된다. 개인의 이야기와 상처가 드라마 상황에서 쉽게 드러나므로 인간을 이해하고 이에 대처할 줄 알아야 한다. 모든 비블리오드라마는 자기발견적 요소가 있어 이후 상담으로 연결되기도 한다. 그러나 성경을 경험하고자 하는 본래의 목적을 잃어버려서는 안 된다. 또한 진행자는 참여자의 말과 행동에서 의미를 찾는 연습을 해야 한다. 때로 성경에 반대되거나 의문을 갖게 하는 표현이 튀어나올 때 준비되지 않은 진행자는 자신의 가르침으로 참여자들을 지배하려고 한다. 그러나 능숙한 진행자는 어떠한 상황도 드라마라는 극적 상황으로 활용하는 능력을 발휘한다.

하나의 본문이라도 비블리오드라마 안에서는 다양한 교육적 접근이 가능하다. 인지적 교육, 정서적 교육, 행동, 관계 문제 해결 등의 가능성을 최대한 활용하면서 성경본문으로 놀이해야 한다. 진행자는 기존의 성경 해석에 집착하는 것이 아니라 비블리오드라마 상황에서 나오는 다양한 표현들을 빚어 새로운 해석이 일어나도록 도와야 한다. 드라마를 진행하는 과정에서 참여자가 스스로 해석하는 기쁨을 맛보게 해야 한다. 본문에 대해 의심하고 다른 각도에서 비틀어 보는 것을 허용해야 한다. 즉, 진행자가 어떻게 접근하느냐에 따라 참여자가 무엇을 어떻게 경험하느냐 또한 큰 차이를 갖게 된다.

비블리오드라마의 즉흥성 때문에 참여자들은 무심결에 튀어나온 상대방의 말에 상처를 입을 수 있다. 그러나 진행자는 이를 민감하게 파악하고 드라마의 흐름으로 녹여내야 한다. 상처를 입는 순간 말보다 표정과 몸으로 반응이 나타나기 때문에 훈련되지 않은 진행자는 이를 간과하기 쉽다. 비블리오드라마는 누구나 진행할 수 있다. 그러나 깊이 있는 비블리오드라마가 되려면 능숙하고 노련한 진행 역량이 요구된다. 시나리오 작가는 혼자 대본을 쓰지만 비블리오드라마 진행자는 현장에서 일어나는 다양한 요소들을 활용해 극을 진행해 나간다. 참여자들의 대사와 표정, 전체적인 에너지 등에 민감하게 반응하면서 흐름을 촉진한다. 흐름이 좋을수록 참여자는 본문에 몰입하고 즉흥적으로 대사를 뱉고 행동을 하게 된다.

진행자가 주의해야 할 사항을 정리하면 다음과 같다.

분석적으로 접근하지 않도록 주의

진행자의 전이해((前理解, 또는 선지식)로 참여자를 분석하거나 평가하면 모든 참여자가 평등하고 자유롭게 비블리오드라마에 참여할 수 없다. 전통, 전이해, 지식의 유무와 상관없이 성령님은 누구에게나 역사하신다는 믿음을 가져야 한다. 기존의 신학적 해석이 지금-여기(Here and Now)에서 참여자들이 얻은 의미를 지배해서는 안 된다. 자신이 (심리치료나 비블리오드라마의)전문가라 할지라도 분석하거나 평가하는 태도로 참여자의 이야기를 들어서는 안 된다. 판단을 아예 안 할 수는 없으나 최대한 객관적으로 판단하고, 판단을 하는 자기 내면의 욕구를 돌아보아야 한다.

비블리오드라마를 하는 도중 개인의 상처가 드러났을 때

비블리오드라마의 목적은 치료가 아니므로 참여자가 있는 그대로의 경험을 나누고 흘려보내도록 해야 한다. 또한 다른 참여자가 이를 지적하거나 평가 혹은 비난하지 않도록 보호해야 한다. 각자 자신의 경험을 나누기만 하고 남에게 지시하거나 개입하지 말아야 한다.

지시를 최소화할 것

처음 비블리오드라마 활동을 접한 사람들은 어떻게 해야 할지 몰라 당황하며 인도자가 지시하기를 바랄 수 있다. 하지만 비블리오드라마는 지식이나 경험의 유무와 상관없이 누구라도 참여하는 것이다. “그냥 해보세요.”, “이건 그냥 단어 놀이예요.”, “성경과 상관없이 모양을 만들어보세요.”, “뭐든지 해보세요.” 등의 말로 참여자들이 놀이하는 마음으로 편안하게 참여하도록, 또 이미 알고 있던 지식에서 벗어날 수 있도록 도와주어야 한다.

느낀 점 나누기

느낀 점을 나눌 때 진행자는 참여자들의 정서 흐름을 알아야 한다. 어떠한 드라마든 진행과정에서 참여자의 감정이 순간순간 드러난다. 진행자에게 이를 볼 줄 아는 눈이 필요하다. 때로 기독교인들은 눈물이 날 때 웃곤 한다. 감정을 어떻게 수용하고 드러내야 할지 모르기 때문이다. 진행자는 느낀 점 나누기를 통해 참여자가 감정을 충분히 나눌 수 있도록 도와주어야 한다. 사람마다 눈물의 색깔과 웃음의 색깔이 모두 다르다. 이를 볼 줄 알아야 하다.

비언어적 의사표현 읽기

참여자들이 아무 말도 하지 않을 때 사실 그들은 '침묵'으로써 표현하는 중이다. 진행자는 표정을 비롯한 비언어적 의사표현을 읽을 줄 알아야한다.

비블리오드라마를 경험하고...

목회를 하면서 가장 큰 고민 중 하나는 어떻게 하면 모든 성도들이 함께 성경 속으로 깊이 빠져 들어갈까 하는 것입니다. 나의 일방적인 주입식 설교 때문인지 많은 성도들이 성경의 깊은 세계로 들어오지 못하는 것을 보면서 늘 아쉬움이 있었습니다. 깊이 있는 이야기를 하면 어려워하고, 쉽게만 이야기하려면 가벼워지는 딜레마를 풀어보고자 비블리오드라마 워크숍에 참석하게 되었습니다.

다양한 연령층이 3일 동안의 시간을 어떻게 지낼 수 있을까 하는 걱정은 프로그램 첫 시간부터 사라졌습니다. 워밍업 시간에 몸으로 부딪치고 놀이를 하니 긴장은 사라지고 내 안의 이야기가 움직임 속에 묻어 나오기 시작했습니다. 드라마 단계에 이르니 성경의 여백 속으로 들어가 누가 강요하지 않아도 내 속의 이야기들이 드라마와 나눔을 통해서 자연스럽게 흘러나오게 되었습니다. 정말 신기한 것은 한 명도 졸지 않고 모두 쉽고 재미있게, 그리고 몰입하면서 성경을 볼 수 있었다는 것입니다.

비블리오드라마의 강점은 성경을 읽고 싶다는 동기가 솟구친다는 것입니다. 아주 쉽게 몰입해 들어갈 수 있지만 그렇다고 절대 가볍지 않았습니다. 3D를 넘어 4D 영화가 나와 영화가 삶보다 더 실제처럼 다가오는 시대이지만 교회는 여전히 성경을 1차원적으로 읽는다는 생각이 듭니다. 하지만 비블리오드라마는 성경을 입체적으로 보게 만들고 성경이 내게 다가오게 만들었습니다.

지역교회 담임목사로서 비블리오드라마를 교회교육에 깊이 있게 적용해보고 싶습니다. 성도들을 모아 성경과 함께 놀고 뛰며 자신의 이야기를 하는 시간을 가져보려고 합니다. 또한 용기를 내어 저희 동네 작은 교회들과 함께 협력해 비블리오드라마 프로그램을 기획해보고 싶습니다. 작은 교회들은 재정이 갖추어져야만 어떤 행사를 할 수 있다는 부담감이 늘 있지만 비블리오드라마는 그런 것이 필요치 않기 때문입니다. 훌륭한 찬양팀, 오케스트라가 없이도 비블리오드라마를 통해서 성경 속으로 들어가 예수님을 깊이 있게 만나고 싶습니다.

김기승 목사(일산 Y church)

Q&A

1. 본문은 어떻게 선택하나요?

먼저 참여 집단이 비블리오드라마를 통해 얻고자 하는 목표를 고려해야 합니다. 말씀 이해와 영적 훈련을 하고자 할 수도 있고, 성경말씀에 비추어 개인과 공동체가 직면한 문제를 신앙적으로 해결하고자 할 수도 있기 때문에 목적에 맞는 본문을 선택해야 합니다. 또한 집단의 성격, 신앙의 깊이, 지속적 모임이냐 단회적 모임이냐를 고려해야 합니다. 먼저 질문을 통해 참여자의 욕구를 파악하고 이에 적합한 본문을 선택하는 것이 좋습니다. 진행자는 참여 집단에게 “요즘 여러분 삶의 문제는 무엇인가요? 어떤 사회 문제에 관심이 있나요?” 또는 “어떤 본문을 탐색하고 싶나요?”라고 질문할 수 있습니다. 참여자들이 뚜렷하게 원하는 것이 있다면 그것을 선택하지만 그렇지 않은 경우는 참여 집단에 적합한 본문을 제시해줍니다.

2. 비서사적인 본문도 비블리오드라마로 다룰 수 있나요?

드라마의 속성상 서사적 본문이 비블리오드라마를 진행하기 쉽습니다. 그러나 비서사적 본문도 얼마든지 비블리오드라마로 다룰 수 있습니다. 모든 것은 드라마가 될 수 있습니다. 창세기부터 요한계시록까지 성경의 어떤 본문이든 극작 작업을 할 여지가 있죠. 예를 들어, 마태복음 5장의 “복 있는 사람은 악인의 꾀를 쫓지 않는다.”는 구절로도 비블리오드라마를 할 수 있습니다. 참여 집단에게 팔복에 해당하는 단어를 찾아 선택하도록 한 뒤 그 단어가 의미하는 오늘날 삶의 상황을 표현하도록 하는 등 드라마를 진행할 수 있습니다. 준비된 진행자일수록 비블리오드라마를 풍성하게 구성할 수 있습니다. (Part 4 다양한 성경본문으로 비블리오드라마하기를 참고하세요.)

3. 성경을 자의적으로 해석하는 위험에 빠지지 않을까요?

개신교 전통은 성직자만이 성경을 읽을 수 있던 시대를 깨고 누구나 성경을 읽고 해석할 수 있으며 하나님과 소통할 수 있다는 만인제사장 교리 위에 서 있습니다. 개인의 해석과 전문 신학 해석이 균형을 이루어야 바른 신앙입니다. 그런데 성경 해석의 권한을 신학자들이 독점하고 이들에게 의존함으로써 그리스도인 개개인이 성경을 읽고 느끼고 적용하고자 하는 노력을 방해하게 된다면 이는 개신교 신앙전통과 거리가 멀다고 할 것입니다. 성경 교육은 말씀이 한 사람 한 사람에게 의미 있게 뿌리내리도록 하려는 노력입니다. 비블리오드라마는 성경의 내용이 각자의 삶에 의미 있게 다가서게 만들기 위해 고안되었습니다. 설사 누군가 다소 위험한 해석을 한다 하더라도 공동체가 안전망이 되어주므로 긴장을 금방 완화하고 비블리오드라마를 이어나갈 수 있습니다.

4. 비블리오드라마 전체 진행시간은 어느 정도가 적당한가요?

비블리오드라마의 전체 과정에 소요되는 시간은 참여 집단에 따라 다릅니다. 그러나 일정 시간을 확보해야 워밍업–드라마–나누기 과정을 효율적으로 진행할 수 있으므로 진행자는 참여 집단의 특성과 상황을 고려하여 미리 시간 운용을 위한 대략적인 계획을 세워두어야 합니다. 단회기로는 2–3시간, 길게는 연속으로 하루 7–9시간도 가능합니다. 한 본문을 가지고 3–5일 정도 계속 진행하기도 합니다.

5. 비블리오드라마를 진행하기에 적절한 인원수가 있나요?

효과적인 비블리오드라마 진행을 위해 인원은 8–15명 정도가 적당합니다. 이는 집단상호관계성에 기초한 것입니다. 그러나 적게는 2–3명, 많게는 50명 이상도 가능합니다. 인원이 얼마든 관건은 참여 집단의 자발성을 유지하면서 비블리오드라마를 진행할 만한 역량을 진행자가 갖추었느냐 하는 것입니다.

고태은
권태하

Part 2

비블리오드라마의 실제

비블리오드라마의 실제

비블리오드라마를 진행하기 위해 진행자는 먼저 참여 인원, 장소, 공간 크기, 참여자의 특성을 고려하고 참여 집단과 상황에 따라 유연하게 시간을 배분하여 진행해야 한다. 소품이나 음악을 활용할 계획이라면 미리 준비해야 한다.

비블리오드라마 과정은 **워밍업-드라마-나누기** 순으로 진행된다. 기본적인 진행은 이 순서를 따르면 되나 비블리오드라마의 내용과 기법 활용, 즉흥적 상황에 대처하거나 극적 장면에 몰입케 하는 것은 진행자의 역량에 달려 있다.

워밍업

진행자는 먼저 워밍업을 통해 참여 집단의 자발성을 촉진해야 한다. 그리고 참여자 간 관계망 구축과 더불어 내적 연결점을 만들어야 한다. 이때 진행자는 참여자 개개인의 상태를 세심히 지켜보아야 한다. 첫째, 누가 집단에서 이탈하는지, 누가 참여하기 힘들어하거나 거부하는지 살피고 이들을 고려하여 전략을 세워야 한다. 둘째, 신체 접촉을 거부하거나 상호 간 거부 의사를 표현하는 참여자가 있는지 살펴 워밍업의 강약을 조절해야 한다. 신체 접촉이나 상호 간 거부 의사를 나타내는 참여자가 많을 때는 신체를 과도하게 접촉하는 워밍업을 삼가야 한다. 이렇게 진행자가 참여자를 배려하고 보호하면서 적절히 진행하면 참여 집단은 점차 진행자를 신뢰하게 된다. 셋째, 워밍업과 비블리오로그 과정에서 각 참여자의 자발성이 어느 정도인지 드러나므로 진행자는 이를 파악하여 누가 드라마 속에서 배우 역할을 잘 할 수 있을지 예측해야 한다.

워밍업의 종류는 몸으로 하는 워밍업과 마음을 나누는 워밍업이 있다. 몸으로 하는 워밍업은 게임 등 신체 활동을 통해 경직된 몸을 풀어주고 유연성을 높이며, 참여 집단의 응집력을 높여 드라마 단계가 원활히 진행되도록 만든다. 참여자는 몸을 움직이면서 인지적 사고에 매인 사고 틀을 깨고 몸의 반응과 '지금 여기'의 현실에 집중하게 된다. 다시 말하면, 참여자는 '지금 여기'에 있음을 자각하며 머리로 이해할 수 없는 것을 정서로 받아들이게 된다. 이 경험이 있어야만 참여자가 드라마 단계에서 성경 속 인물이 되어 말하게 된다.

마음을 나누는 워밍업은 몸으로 하는 워밍업을 통해 끌어올린 에너지와 자발성을 활용하여 참여자들 간에 내적 연결점을 만드는 작업이다. 이로써 참여자가 자신의 이야기를 드러내고 다음 단계를 준비하도록 만든다. 레크레이션과 비블리오드라마 워밍업의 차이가 이것이다. 진행자는 주어진 시간을 고려해 워밍업의 종류를 선택해야 한다. 워밍업이 너무 길어지면 드라마와 나누기 시간이 부족해지기 때문이다. 또 참여자의 특성을 고려하여 청소년이나 청년 등 참여자가 젊은 층이라면 활동량이 많은 워밍업을 선택한다. 그러나 중년 이상인 경우 활동량이 너무 많으면 오히려 자발성이 떨어질 수 있다.

드라마

집단의 자발성이 적정 수준으로 안정이 되면 비블리오로그로 들어간다. 비블리오로그

(Bibliolog)는 비블리오(Biblio)와 다이얼로그(Dialog)의 합성어이다. 성경과 상호작용하여 성경 텍스트에 친숙하게 만드는 작업이다. 비블리오로그는 드라마로 가기 위한 사전작업이지만 시간과 장소의 제약 때문에 드라마를 할 충분한 여건이 되지 않는다면 독립적으로 활용할 수도 있다. 비블리오로그는 짧은 시간 내에 참여자를 성경에 몰입하게 만들어 교회학교 성경공부 시 활용하기에 간단하고 효과적이다.

오감으로 성경 읽기, 본문에 질문해보기, 성경본문을 이미지화하기, 조각하기, 빈 의자로 성경 인물 초대하기, 3분 후 드라마, 3분 전 드라마 등 다양한 비블리오로그 활동을 하면서 참여자는 성경 텍스트에 몰입하고 자신의 이야기를 투영하게 된다. 자신의 이야기와 성경의 이야기가 만나는 순간 비블리오드라마 진행은 활기를 띠기 시작한다. 이 과정에서 진행자는 나누기를 단계별로 할 것인지 아니면 전체 비블리오드라마 과정이 끝난 후 할 것인지 판단해야 한다. 나누기를 하는 방법도 소집단(3-5인)으로 나누어 할 것인지 대집단(10인 이상)으로 나누어 할 것인지 결정해야 한다. 인간의 속성상 대집단 내에서 사람은 도덕이나 타인의 시선을 의식하여 자기 의사를 표현하거나 자신의 이야기를 꺼내기 어려워한다. 반면 소집단에서는 타인의 시선이 줄어들기 때문에 자신의 이야기를 꺼내기 수월하다. 그래서 경험이 적은 집단에서는 소집단 나누기를 한 다음 대집단 나누기를 하는 게 진행에 용이하다.

드라마 단계로 접어드는 시점은 조각 활동 이후 진행자가 개입하여 등장인물들(조각활동 참여자들)이 성경 인물이 되어 정서표현을 하기 시작하는 때이다. 대사를 주고받으며 상호작용하고, 여기에 움직임이 더해지면서 드라마 단계로 몰입하게 된다. 그러나 비블리오로

그 활동 없이 바로 드라마를 진행할 수도 있다. 드라마 단계는 비블리오로그와 달리 기승전결의 플롯이 있으며 참여자 간 상호작용에 비중이 실린다. 희극, 비극, 부조리극, 꽁트 등 다양한 장르로 드라마를 할 수 있으며 장르, 형식, 길이 등 구성은 전적으로 참여자의 자발성과 진행자의 역량에 달려있다. 진행자는 등장인물들의 상호작용, 몰입 정도, 나누기 주제 등을 살펴보면서 드라마를 진행해야 한다.

드라마 과정에서 진행자는 이따금 활동을 멈추고 참여 집단 전체가 함께 소감을 나누는 시간을 갖게 한다. 드라마가 진부하게 흘러가거나 놓치지 말아야 할 주제가 발견된다면 잠시 휴지기를 갖고 나누기를 할 수 있다. 또는 본문에 나오지 않았지만 본문의 내용을 두드러지게 하는 요소가 발견되거나 신체를 자각할 때 나누기를 할 수도 있다. 나누기 과정은 다음 장면을 위한 워밍업이 되기도 한다.

나누기

드라마를 위한 시간이 끝나면 나누기를 진행한다. 나누기란 비블리오드라마를 통해 본문에서 새롭게 발견한 부분이나 통찰한 내용, 신앙 고백을 공유하는 시간이다. 나누기 시간에 참여자들은 자신의 이야기를 쉽게 노출하기 마련이나 진행자는 먼저 성경본문에 충실한 나누기를 하도록 지도해야 한다. 이 시간은 서로가 서로에게 성경본문을 열어주는 시간이며 참여자가 자신에게 하는 설교처럼 느껴지기도 한다. 이때 진행자는 성경본문에 대해 어느 정도 보충 설명을 해야 하는지 고민하게 된다. 청소년 이하 어린 학생이 대상이라면 구조적 비블리오드라마가 어울릴 것이다. 그들이 경험을 통해 발견한 부분과 교사나 지도자가 비블리오드라마를 통해 가르치고자 하는 교육의 내용이 어느 정도 비례해야 하기 때문이다. 비블리오드라마의 특성 중 자기발견이란 부분은 어느 정도 성숙한 연령층이어야 가능하다. 그러므로 참여자가 청소년이라면 진행자가 짧은 메시지를 던지기도 하지만, 청년 이상 성인이라면 참여자들이 느끼고 경험하고 표현하고 말하는 내용을 정리해주고 마치는 형태를 취한다.

참여자 스스로 발견한 의미와 경험을 되도록 놓치지 않기 위해 진행자는 세심히 배려해야 한다. 그렇지 않으면 진행자는 자신이 아는 신학적 의미를 가르친다거나 참여자를 억압하는 도구로 비블리오드라마를 이용할 가능성이 높다. 경우에 따라 해석과 보충 설명을 할 수 있지만 과도해서는 안 된다. 진행자는 비블리오드라마의 초기 태동이 의미의 지배구조를 탈피하려는 노력에서 시작되었다는 사실을 되새겨볼 필요가 있다. 진행자는 권위로 참여 집단을 장악하는 것이 아니라 광대(entertainer, 참여자들이 즐겁게 활동에 참여하고 몰입하도록 하는 역할)와 촉진자(facilitator, 참여자의 자발성이 떨어지지 않도록 지지하고 격려하여 개개인의 능력을 이끌어내고 적절한 참여를 유도하는 역할)의 역할을 해야 한다는 점을 명심해야 한다. 참여 집단에게도 비블리오드라마란 참여 집단이 함께 성경을 열어가는 작업이며, 함께 해석하는 과정이라는 점을 분명하게 알려주어야 한다. 참여자들이 성경 텍스트를 통해 경험한 것을 진행자가 얼마나 잘 받아주고 반영하느냐가 아름다운 비블리오드라마, 감동적인 비블리오드라마를 만드는 관건이다.

워밍업(Warming Up)

비블리오드라마에서 놀이(play)는 매우 중요하다. 비블리오드라마는 인지적 활동이 아니라 몸으로 하는 활동이기 때문이다. 시간은 그저 흘러가는 것 같지만 분절하면 셀 수 없이 많은 순간순간의 연결이다. 워밍업을 통해 참여자는 이 분절된 시간 속에서 몸으로 수많은 것을 느끼고 자각하게 된다. 그러므로 먼저 머리뿐 아니라 손, 발, 다리 등 참여자의 온 몸을 자각시키고 또한 상대방의 몸을 이해하게 만드는 것이 비블리오드라마의 첫 단계이다. 워밍업을 통해 놀이(play)를 하면서 참여자가 전인식을 내려놓고 본격적인 활동에 임할 수 있도록 준비한다.

워밍업1
WARMING UP

몸으로 하는 워밍업

| 몸 인사하기 | 눈 감고 동그랗게 서기 | 등 맞대고 돌아다니기 | 활 스트레칭 | 날아라, 휴지 | 자석 손 | 거울 놀이 | 고리 풀기
| 세탁기 놀이 | 등 맞대고 일어서기 | 발 끝 마주 대고 일어나기 | 좀비 게임 | 미친 토끼, 술 취한 토끼 | 피그, 하우스, 스톰
| 둥글게 원 만들어 서로의 무릎에 앉기 | 과일 게임 | 관찰 게임 | 릴레이 조각상 | 인간기계 | 뚱딴지 놀이

| 몸 인사하기

① 모두 함께 장소를 돌아다니면서 무릎과 무릎을 맞대고 인사를 나눈다.

② 다음에는 등과 등을 맞대어 인사를 나눈다.

③ 어깨, 손, 엉덩이 등 다양한 신체부위로 인사 나눌 수 있다.

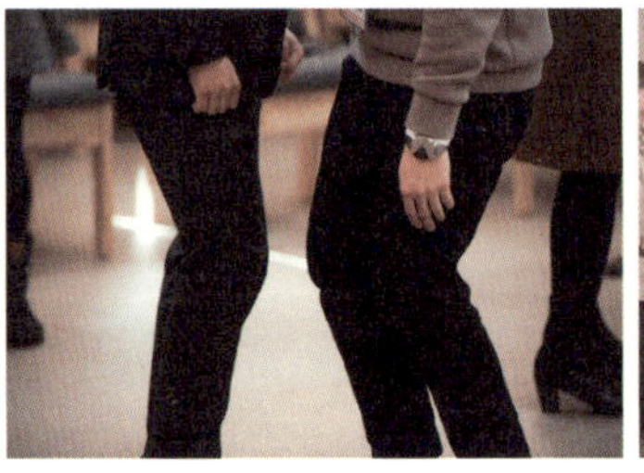

| 눈 감고 동그랗게 서 있기

① 모두 동그랗게 선다.

② 옆 사람의 어깨가 맞닿을 때까지 천천히 원을 좁혀 들어간다.

③ 어깨와 어깨가 맞닿으면 1분 정도 눈을 감고 몸으로 전해지는 것을 느껴본다.

④ 참여자들이 충분히 느낀 것 같으면 무엇을 느껴졌는지 나누도록 한다.

| 등 맞대고 돌아다니기

① 두 명씩 짝을 짓는다.

② 서로의 등을 맞댄 채 여기저기 돌아다녀본다.
서로에게 의지하듯이 기대어야 한다.

| 활 스트레칭

① 두 명씩 짝 지어 같은 방향을 보고 나란히 선다.

② A는 다리를 어깨 너비의 1.5배 만큼 벌린다.

③ B는 본인의 두 발을 붙인다.

④ 나란히 선 상태에서 손을 마주 잡는다.

⑤ 어깨를 맞대어 가까운 손은 아래로, 어깨가 맞닿지 않은 손은 머리 위로 올려 맞잡는다.

⑥ A는 기둥이 되어 버텨주고 B는 활처럼 최대한 바깥쪽으로 엉덩이를 밀어낸다.

⑦ 역할을 바꾸어 같은 방법으로 진행한다.

| 날아라, 휴지

① 2-3명이 한 그룹이 되어 손을 잡는다.

② 손을 사용하지 않고 입으로 휴지를 불어 땅에 떨어지지 않도록 한다.

③ 가장 오래 휴지를 땅에 떨어뜨리지 않은 그룹이 승리한다.

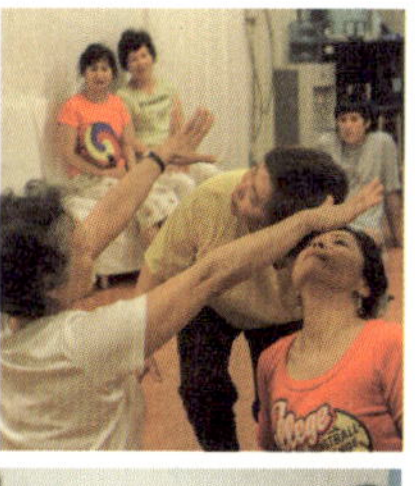

| 자석 손

① 두 명씩 짝을 짓고 가위바위보를 한다.

② 이긴 사람은 진 사람의 얼굴 앞에 손바닥을 뻗는다.

③ 이긴 사람은 손을 자유롭게 움직이며 공간을 돌아다니고, 진 사람은 이긴 사람의 손바닥을 따라 함께 움직인다.

④ 역할을 바꿔서 진행한다.

note. 손바닥과 얼굴의 간격은 일정하게 유지되어야 한다. 이긴 사람의 손이 진 사람의 눈을 찌르지 않도록 유의한다.

| 거울 놀이

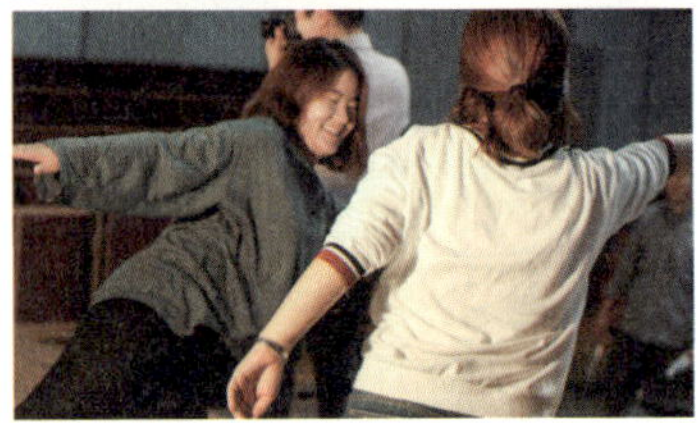

① 두 명씩 짝을 짓고 가위바위보를 한다.

② 진 사람이 이긴 사람의 동작을 거울처럼 따라한다. 가벼운 동작부터 어려운 동작까지 충분히 따라해 본다.

③ 역할을 바꿔서 진행한다.

note. 짝을 바꾸어 다른 사람과도 함께 해볼 수 있고, 집단 전체가 원을 만든 후 차례대로 동작을 따라해 볼 수 있다.

| 고리 풀기

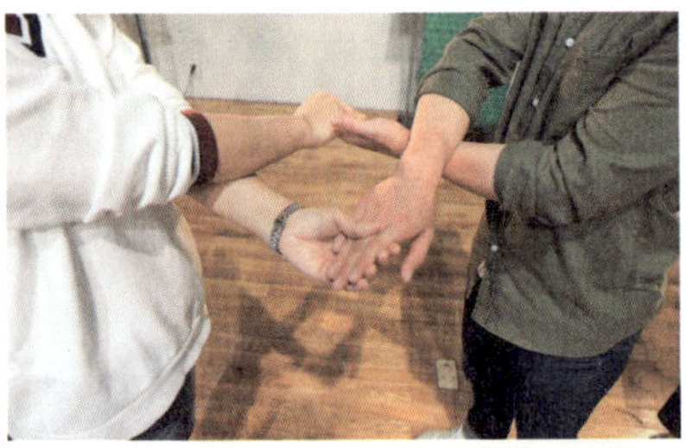

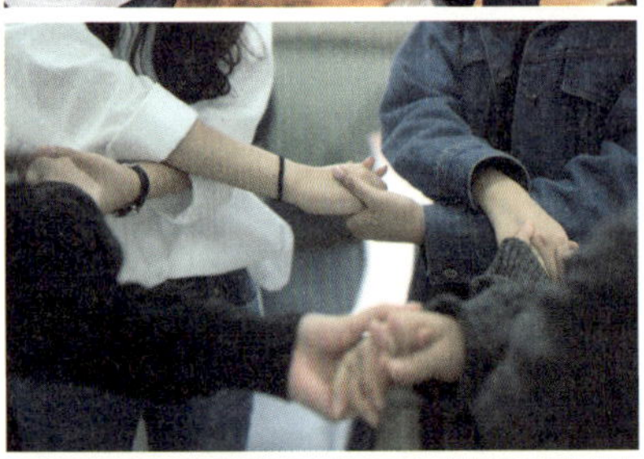

① 두 명씩 마주 보고 선다.

② 양손을 앞으로 내밀고 손바닥을 위로 향한다.

③ 책장을 넘기듯 오른팔을 왼쪽으로 넘긴다. 이때 팔은 X자 모양이 되고 왼쪽 팔은 손등이, 오른팔은 손바닥이 위를 향한다.

④ 그 상태에서 앞 사람과 손을 잡는다.

⑤ 앞 사람과 손을 맞잡은 채 엇갈린 팔을 풀어 11자로 만든다.

⑥ 이번에는 4명이 모여서 위와 같은 방법으로 손을 맞잡는다.

⑦ "절대 손을 놓지 않는다"를 외친 후 고리를 풀어본다.

⑧ 같은 방법으로 점차 인원수를 늘려 마지막으로 전체가 모여 고리를 풀어본다.

note. 고리 풀기 변형
손을 맞잡고 원을 만든 상태에서 어느 한 쪽을 끊어 손을 놓은 두 명이 사람들 사이로 돌아다니며 서로 엉키도록 한다. 엉킨 상태에서 손이 끊어진 사람끼리 서로 손을 다시 잡은 후 엉킨 원을 푼다.

| 세탁기 놀이

① 원을 만들고 차례로 돌아가며
"나는 세탁기 안에 있는 00입니다."라고 소개한다.
예) 양말, 이불, 동전, 팬티 등

② 양 옆에 있는 사람과 인사한다.

③ 진행자가 세탁 버튼을 누른다. "1단, 2단, 3단–"

④ 참여자들은 두 손을 머리 위로 들고 서로 자리를 바꾸며 빙글빙글 움직이며 세탁기 속 뒤엉킨 빨래가 된다.

⑤ 진행자가 "스톱"을 외치면 그 자리에 멈춘다.

⑥ 멈춘 자리에서 맨 처음 서로 인사했던 양 옆 사람을 찾아 팔을 뻗어 왼쪽에 있던 사람은 왼손, 오른쪽에 있던 사람은 오른손을 맞잡는다.

⑦ 엇갈린 팔을 풀어본다.

| 등 맞대고 일어서기

① 두 명씩 등을 맞대고 자리에 앉는다.

② 등을 맞댄 상태에서 팔짱을 끼고 무릎을 세운다.

③ 그 상태로 서로의 등을 힘주어 밀면서 동시에 일어난다.

④ 같은 방법으로 4명, 8명, 점차 인원수를 늘려 실행해본다.

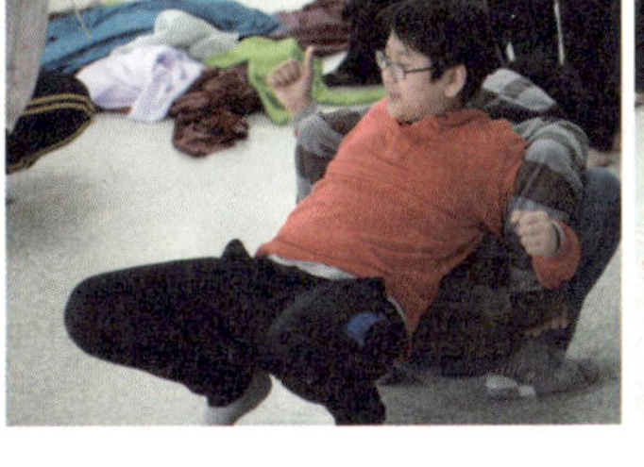

| 발끝 마주 대고 일어서기

① 두 명씩 짝 지어 서로 마주 보고 앉는다.

② 무릎을 세운 상태로 발끝을 맞대고 앞 사람과 손을 잡는다.

③ 마주 잡은 손을 잡고 동시에 일어난다.

④ 같은 방법으로 4명씩, 8명씩, 점차 수를 늘려 실행해본다.

note. 인원수가 많을 때는 서로 엇갈려 손을 잡아 힘의 균형을 맞춰본다.

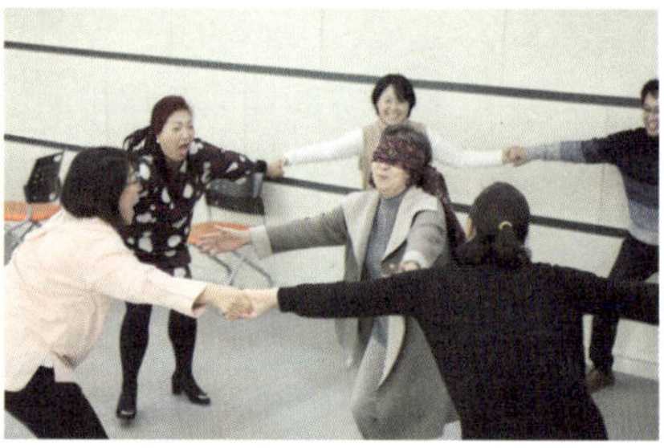

| 좀비 게임

① 원을 만들어 손을 잡는다(장소가 넓다면 큰 원을 만들고 좁으면 팔짱을 낀다).

② 술래는 안대를 착용하고 원 안에 들어간다.

③ 술래는 원을 만든 사람들을 잡으려 하고, 사람들은 원을 움직이면서 피해 다닌다.

④ 술래에게 터치 당한 사람이 술래가 된다.

| 미친 토끼, 술 취한 토끼

① 산토끼 노래를 부르며 깡충깡충 뛴다.

②"산(앞으로 깡충) 토끼(뒤로 깡충) 토(앞으로 깡충)끼야(앞뒤로 깡충) ~ 어(왼쪽으로 깡충) 디를(오른쪽으로 깡충) 가느냐(왼쪽 오른쪽 왼쪽 깡충) ~ 깡총깡총 뛰면서(앞뒤 좌우로 깡총) 어디를 가느냐 (이곳저곳을 자유롭게 깡충깡충)"

③ 노래가 끝날 때쯤 진행자가 숫자와 함께 단어를 외친다. 참여자들은 외친 숫자만큼 모여 해당하는 단어를 온몸으로 만든다.

예) 3명, 자전거! 4명, 선풍기!

| 피그, 하우스, 스톰(Pig, House, Storm)

① 세 명씩 한 그룹을 이룬다.

② 두 명이 마주 본 상태에서 양손을 잡아 공간(house)을 만든다.

③ 나머지 한 명은 다른 두 명이 만든 하우스로 들어가 돼지(pig)가 된다.

④ 술래는 피그, 하우스, 스톰 중 한 가지를 외친다.

⑤ "하우스"를 외치면 하우스끼리 자리를 바꿔 새로운 돼지를 찾아간다.

⑥ "피그"를 외치면 피그끼리 자리를 바꿔 새로운 집을 찾아간다.

⑦ "스톰"을 외치면 모두 흩어져 새로운 역할로 피그, 하우스를 만든다.

⑧ 술래는 다른 참여자들이 자리를 옮길 때 자리를 빼앗아 들어간다.
술래에게 자리를 뺏겨 자리를 찾지 못한 사람이 다음 술래가 된다.

| 둥글게 원 만들어 서로의 무릎에 앉기

① 둥글게 서서 좌향좌 혹은 우향우를 한 후, 앞 사람 어깨를 주무른다.

② 어깨를 주무르면서 천천히 노래를 부르며 한 방향으로 돈다.
예) 기찻길 옆 오막살이

③ 노래를 부르면서 점점 원의 간격을 줄여간다.

④ 노래가 끝날 때까지 앞사람과 간격을 좁혀 나가면서 자연스럽게 서로의 무릎에 앉는다.

⑤ 모두 앉은 상태가 되면 두 손을 머리 위로 올리고 박수를 세 번 치게 하거나 다시 간단한 노래를 부르게 한다.
예) 학교 종이 땡땡땡

⑥ 진행자가 "하나, 둘, 셋"을 외치면 모두 일어난다.

| 과일 게임

① 방석이나 의자로 원을 만들어 앉는다.

② 사과, 포도, 딸기 등 세 가지 과일을 앉은 순서대로 하나씩 말하게 한다.

③ 술래가 정해지면 술래의 의자는 빼놓아 의자 수를 부족하게 만든다.

④ 술래가 과일 중 하나를 외치면 그 과일에 해당하는 사람들끼리 자리를 바꾼다. 이때 자신의 자리에 앉아 있으면 안 되고 꼭 자리를 바꿔야 하며, 술래도 들어가 앉아야 한다.

⑤ 술래가 "화채"를 외치면 모두 자리를 바꾼다.

⑥ 의자에 앉지 못한 사람이 다음 술래가 된다.

note. 참여자들이 너무 흥분할 경우에는 진행자가 "노인 걸음(슬로우 모션)"을 외쳐 속도를 조절할 수 있다.

| 관찰 게임

① 전체 두 줄로 선다.

② 마주 보고 선 둘씩 짝이 되어 A줄은 관찰 그룹, B줄은 변신 그룹이 된다.

③ 진행자가 10초 정도 관찰할 시간을 주는 동안 관찰 그룹에 있는 사람들은 자신의 짝을 잘 관찰한다.

④ 전체가 뒤를 돌면 변신 그룹에 있는 사람들은 세 가지 변화를 준다.

예) 바짓단 접기, 머리가르마 바꾸기 등

⑤ 진행자가 신호를 주면 다시 뒤를 돌아 관찰 그룹 사람들은 자기 짝이 변화를 준 것 세 가지를 찾는다.

| 릴레이 조각상

① 세 명씩 둥글게 모여 팔을 뻗어 조각상이 된다.

② 세 명 중 한 명이 빠져나와서 두 명을 감상한 뒤 조각상에 덧붙이고 싶은 포즈를 취한 뒤 멈춘다.

예) 두 명이 마주 잡은 손 안에 들어가 선다. 되도록 두 명은 건드리지 않도록 한다.

③ 다음 사람이 다시 조각상에서 빠져나와 첫 번째 사람이 했던 것처럼 두 명을 관찰하고 다가가 자유롭게 어떤 행동을 취한 후 멈춘다.

④ 같은 방법으로 돌아가면서 한 명씩 나와 감상하고 조각이 되어본다.

⑤ 소감을 나눈다.

note. 활동인원이 반드시 3명이어야 할 필요는 없다. 전체 참여자의 수가 많은 경우 3명보다 많은 인원으로 그룹을 이루게 해도 된다. 3명에서부터 1명씩 조원의 수를 늘려나가면서 활동을 반복하여 해볼 수도 있다.

| 인간기계

① 3–5명이 한 그룹이 된다.

② 그룹에서 한 명이 나와 기계처럼 하나의 동작을 반복한다.

③ 두 번째 사람이 나와 앞사람이 취한 동작에 덧붙여 반복되는 동작을 한다.

④ 같은 방식으로 차례로 나와 동작을 덧붙여 전체가 하나의 기계를 만든다.

⑤ 기계가 완성되면 진행자는 다른 그룹 사람들에게 이 기계가 무엇처럼 보이는지 자유롭게 말하도록 한다.

⑥ 위와 같은 방식으로 다른 그룹들도 해본다.

note. 우리가 아는 기계일 필요도 없고, 있을 법한 기계가 아니어도 상관없다. 창의적으로 표현할 수 있도록 아무런 제한을 두지 않아야 한다. 이 활동은 즉흥성을 훈련하기 위한 웜밍업이다. 그러므로 정답이 없는 활동임을 참여자들이 주지하도록 한다. 기계의 부품이 되어 앞에서 취한 동작과 연결시켜 자신의 동작을 하는 과정을 통해 집단의 응집력과 신체의 표현능력 향상을 도울 수 있다. 또한 기계 부품을 상상해보면서 상상력도 자극할 수 있다.

| 뚱딴지 놀이

① 동그랗게 원을 만들어 앉는다.

② 각자 어떤 인물을 떠올리고 오른편에 앉은 사람에게 그 이름을 귓속말로 말한다.
단, 참여자 전체가 알 만한 인물이어야 한다.

예) 스파이더맨, 피노키오, 강호동 등

③ 이번에는 장소를 떠올리고 왼쪽에 앉은 사람에게 귓속말로 말한다.

예) 산꼭대기, 화장실, 비행기 안, 학교 등

④ 양 옆 사람에게 들은 것을 기억하며 모두 자리를 바꿔 앉는다. 단, 자리를 바꿀 때 양옆 사람이 방향만 바꿔서는 안 되고 각자 완전히 다른 사람 옆으로 가도록 자리를 섞어야 한다.

⑤ 이번에는 무엇을 하는지 행동을 떠올리고 오른편에 앉은 사람에게 귓속말로 지시하되 "너는 ㅇㅇㅇ을 하고 있어."라는 형식으로 말한다.

예) 춤을 추고 있어, 물구나무 서기를 하고 있어, 윗몸 일으키기를 하고 있어 등

⑥ 진행자가 하나 둘 셋을 외치면 돌아가면서 각자 귓속말로 들은 인물, 장소, 행동을 종합하여 표현한다.

예) 각각 '공주', '화장실', '밸리댄스를 추고 있다'라고 들었다면 공주가 화장실에서 밸리댄스를 추고 있는 상황을 몸으로 표현해야 한다.

초급 2주차
이은규

워밍업2
WARMING UP

마음을 나누는 워밍업

| 파트너 게임 | 물건으로 자기소개하기 | 마음의 온도계 | 내 마음이 가는 곳 | 내 마음이 가는 사람
| 나의 '장소' 지도 만들기 | 거대한 시계 | 한 발 앞으로 | 감정 카드 | 마음의 신호등
| 천으로 마음 표현하기 | 마술가게 | 하나님에게 보내는 편지 | 걸으며 묵상하기

| 파트너 게임

① 진행자는 각 카드에 짝을 이루는 물건이나 사람의 이름을 각각 적어 놓는다.

예) 요셉과 마리아, 아담과 이브, 별과 동방박사, 글러브와 야구 방망이, 무좀과 발가락 양말 등

② 참여자들은 카드를 하나씩 뽑은 뒤 돌아다니면서 자신의 파트너를 찾는다.

③ 짝을 찾으면 자신을 소개하고 인사를 나눈다. 파트너의 소개를 집중해서 듣고 많은 특징을 찾아내도록 한다.

④ 모든 사람이 파트너와 소개를 마치면 다시 카드를 뽑아 위의 과정을 반복한다.

⑤ 활동이 끝난 후 다함께 모여 각자 자신이 만났던 사람에 대해 설명하고 그에게서 발견한 특별한 점이나 흥미로운 점을 나누도록 한다.

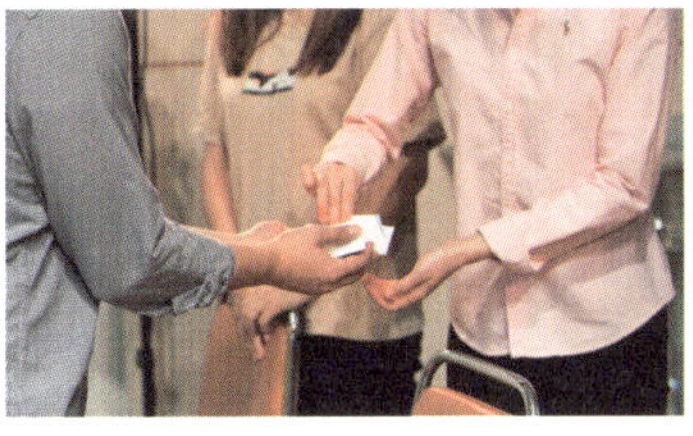

| 물건으로 자기소개하기

① 두 명씩 짝을 짓는다.

② 주변에 있는 물건 중 자신을 표현할 수 있는 물건을 찾아 가져온다.

③ 참여자들은 자신이 그 물건인 것처럼 생각하고 이야기 한다.

예) "저는 공책이에요. 반쯤 썼고 뒷부분에는 무엇이 쓰일지 잘 모르겠어요. 이미 쓰인 것은 제 마음에 안 드는데 아직 안 채워진 부분은 제가 원하는 대로 쓰였으면 좋겠어요."

④ 상대방의 이야기를 들은 후 세가지 질문을 할 수 있다.

예) "반 썼는데 듬성듬성 썼네요. 보니까 어때요?", "어느 페이지를 다시 쓰고 싶은지 보실래요?", "그 페이지는 언제 쓰였나요?"

note. 질문자의 질문은 그 이야기를 다시 보도록 한다.

| 마음의 온도계

① 공간 중앙에 한 쪽 끝은 가장 높은 수치이고 반대편 끝은 가장 낮은 수치인 가상의 선이 있다고 가정한다.

② 진행자는 참여자가 횟수/정도(수치화)로 답할 수 있는 질문을 한다.

예) 발사이즈, 지금 있는 장소에서 집까지 거리, 평생 가장 크게 잃은 돈 액수, 진정한 친구라고 생각되는 사람 수 등

③ 가상의 선상에 자신의 위치를 정해 줄을 선다.

④ 진행자는 줄을 선 사람들의 위치를 모두가 알 수 있도록 확인한다.

note. 경험을 수치화하고 자신의 자리를 찾아 움직이면서 참여자들은 머리로 미처 깨닫지 못했던 자신의 상태를 인지하게 된다. 또한 그룹을 이루어 경험을 공유함으로써 문제에 구체적으로 다가서고 참여자들 간에 내적 연결점이 생긴다.

| 내 마음이 가는 곳

① 진행자는 참여자들이 보일 반응을 예상해 네 군데 정도 장소를 만들어 참여자들이 선택해 모이게 한다.

② 진행자는 참여자들에게 다음과 같은 질문을 하고 참여자들은 마음이 가는 곳에 가서 선다.

예) 내가 좋아하는 계절은? (봄, 여름, 가을, 겨울), 내가 여행 가고 싶은 나라는? (유럽, 일본, 중국, 기타), 내가 스트레스 받는 장소는? (집, 학교, 학원, 기타)

③ 모인 사람들끼리 서로 이야기 나눈다.

note. 장소를 정해줄 때 종이에 답을 하나씩 써서 바닥에 놓고 가서 서게 할 수도 있다.

| 내 마음이 가는 사람

① 참여자들은 주제에 따라 마음이 가는 사람을 찾아 그의 어깨 위에 손을 얹는다.

② 진행자는 다음과 같은 주제를 제시할 수 있다.

예) 같이 공부를 하고 싶은 사람, 함께 여행을 가고 싶은 사람, 비밀을 잘 지켜줄 수 있을 것 같은 사람, 힘들 때 도와줄 수 있는 사람, 나의 아버지와 비슷한 사람, 나의 어머니와 비슷한 사람 등

③ 서로의 어깨에 손을 얹은 후 왜 선택했는지 이유를 이야기한다.

note. 만나는 순간부터 사람들 사이에는 보이지 않는 정서가 흐른다. 이 정서를 구체화시는 활동으로, 상대방이 진짜 그러한지와 상관없이 내 느낌과 선택이었음을 자각한다.

| 나의 '장소' 지도 만들기

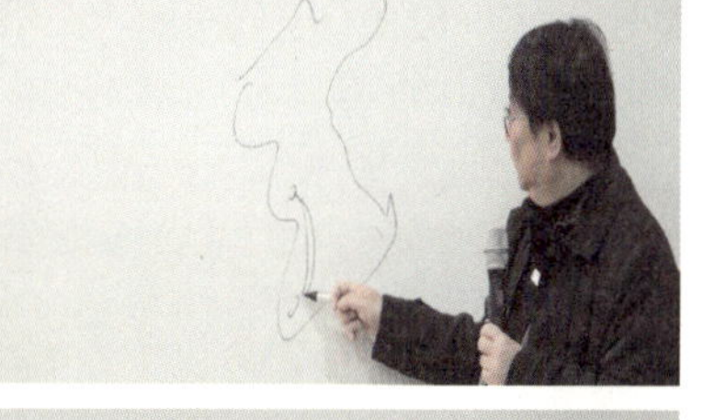
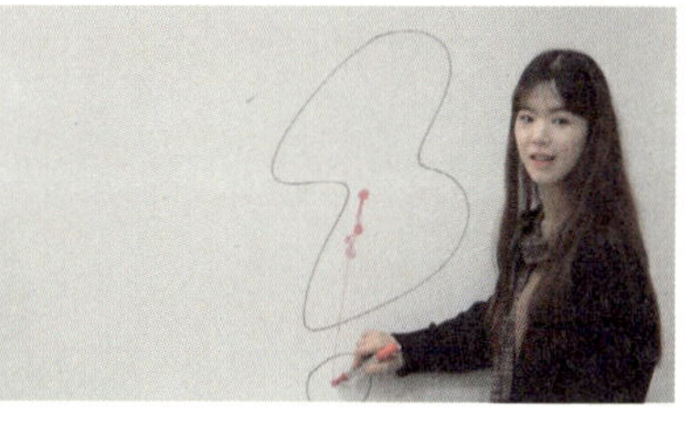

① 참여자들에게 종이와 펜을 나눠준다.

② 참여자들은 종이에 지도를 그리고 살았던 곳이나 가본 곳을 표시한다.

③ 함께 그 장소와 관련된 이야기를 나누도록 한다.

④ 가장 많은 추억이 있는 곳, 가장 힘들었던 곳, 가장 기억에 남는 사람이 있는 곳 등을 떠올리며 나눈다.

거대한 시계

① 바닥에 큰 시계가 있다고 상상한다.

② 한 쪽 끝은 낮 12시, 반대쪽 끝은 밤 12시로 하고, 낮과 밤 사이에 아침 6시와 오후 6시를 정한다.

③ 진행자는 참여자들에게 하루 중 가장 즐거운 시간을 떠올리게 하고 그 시간대에 가서 서게 한다.

④ 비슷한 시간대에 모인 사람들끼리 이야기를 나눈다.

⑤ 반대로 하루 중 가장 힘든 시간을 떠올리고 그 시간대에 가서 이야기를 나눌 수도 있다.

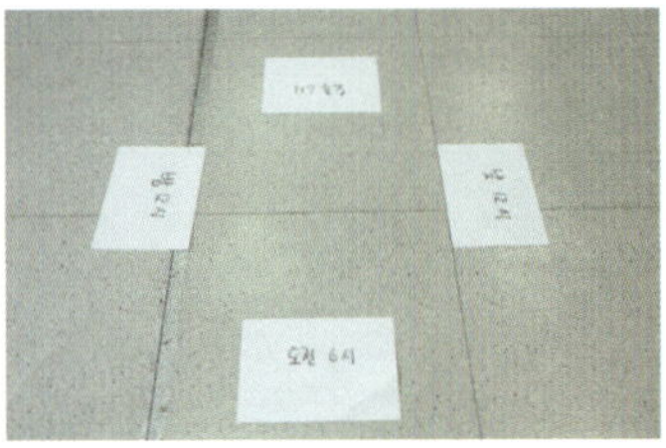

한 발 앞으로

① 다함께 원형으로 선다.

② 진행자는 오늘 하루나 이전에 참여자가 경험했던 일들을 생각하게 한다.

③ 한 명이 자기의 경험을 기준으로 제시한다.

예) '다이어트 해본 사람 한 발 앞으로', '드라마 좋아하는 사람 한 발 앞으로' 등

④ 다른 참여자들이 "나도" 한 경험이면 한 발 앞으로 나간다.

⑤ 한 발 앞으로 들어온 참여자 중 누구든 앞의 질문과 연결해 기준을 제시한다.

⑥ 같은 방식으로 "나도"한 경험이면 한 발 앞으로 또 나간다.

예) '다이어트 해본 사람?' → '다이어트 하다가 실패해본 사람?' → '실패했는데 다시 해보고 싶은 사람?' 등

note. 참여자가 '내가 가진 경험이 나만 경험한 것이 아니다.', '너만 그런 게 아니야.' 라는 사실을 깨닫게 하여 참여 집단의 응집력을 높이는 활동이다.

| 감정 카드

① 진행자는 감정과 연관된 단어가 적힌 카드를 박스에 넣어 준비한다.

예) 기쁨, 슬픔, 분노, 황당, 놀람, 두려움, 죄책감, 외로움, 우울, 절망, 실망, 소외감, 지루함, 평화로움, 흥미로움, 무기력함, 혼란스러움, 불안, 수치스러움, 증오, 위협받는, 짜증나는, 공허함 등

② 모두 카드를 하나씩 꺼내도록 한다.

③ 최근 경험 중 자신이 뽑은 카드에 적힌 감정이 떠올랐을 때가 있는지 묻고 그에 대해 이야기하도록 한다.

④ 그 감정과 관련된 상황을 조각으로 표현해볼 수도 있다.

| 마음의 신호등

① 진행자는 정사각형 모양의 검정, 빨강, 주황, 초록색 종이를 가운데 놓고 '마음의 신호등'이라고 설명한다.

② 진행자는 지금 상태가 마음의 신호등의 어떤 색에 가까운지 물어본다.

③ 참여자들의 마음을 탐색한 뒤 "마음의 신호등이 초록색으로 바뀌려면 어떤 일이 일어나야 될까요?" 등 질문을 통해 참여자들이 자신의 감정을 해소할 수 있는 방법을 생각해보게 한다.

note. 한 주간의 삶을 돌아보고 각 색깔에 연상되는 일들을 이야기해보게 할 수도 있다.

| 천으로 마음 표현하기

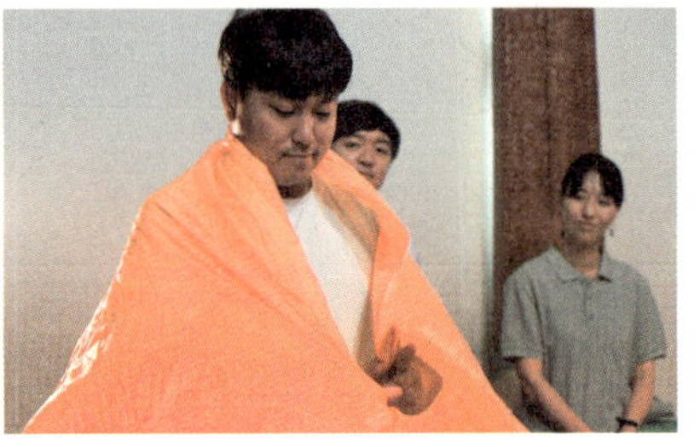

① 여러 색깔 천을 바닥에 펼쳐놓는다.

② 오늘의 마음, 기분, 몸 상태를 나타내는 색깔의 천을 고르게 한다.

③ 참여자는 천을 몸에 두르고 온몸으로 감촉을 느껴본다.

④ 양팔을 옆으로 쭉 펴고 하늘을 날듯 오른쪽, 왼쪽으로 움직여본다.

⑤ 천으로 산들바람 같은 부드러움 혹은 태풍 같은 강함을 표현해본다. 자리에 있어도 좋고 이리저리 움직여도 좋다.

⑥ 한 명씩 앞으로 나가 자신이 고른 색깔과 그 이유를 나눈다.

note. 색깔뿐 아니라 여러 형태로 마음을 표현할 수 있다. 묶어도 좋고 둘러도 좋다. 원하는 대로 표현하고 이유를 설명하도록 한다.

| 마술가게

① 진행자는 마술가게 주인 역을 맡고, 참여자는 손님이 된다.

② 손님은 자신이 버리고 싶은 것을 파는 대신, 갖고 싶은 것을 살 수 있다.

③ 진행자는 손님에게 버리고 싶은 것이 무엇인지, 그것을 어떻게 버리고 싶은지 물어보고 버리는 방법을 행동으로 보여 달라고 한다.

예) 물건 던지기, 종이 찢어버리기, 때려서 부수기

④ 손님이 버리고 싶은 것을 팔고 나면 갖고 싶은 것을 말하게 하고, 그것을 천으로 상징화시킨 후 몸에 둘러봄으로써 느끼고 나누게 한다.

⑤ 인원이 많으면 몇 명을 뽑아 시범을 보이고, 그룹을 나누어 각자 그룹에서 한 후 소감을 나누게 한다.

| 하나님에게 보내는 편지

① 진행자는 참여자들에게 펜과 종이를 나누어 준다.

② 참여자들은 현재 삶에서 누군가의 도움이 필요한 상황이나 때를 떠올려 본다.

③ 진행자는 종이를 가로로 3등분 한 후, 각 영역에 다음과 같이 차례대로 적을 수 있도록 설명한다.

· 아랫부분: 현재 처해있는 상황에 대해 그리거나 적어본다.

· 중간부분: 참여자의 삶에 대한 하나님의 개입을 적거나 하나님에게 편지를 쓴다.

· 윗부분: 자신이 처한 상황이 어떻게 변했으면 좋겠는지 그리거나 적어본다.

④ 느낀 점을 나눈다.

| 걸으며 묵상하기

① 주어진 공간에서 걸어 다니며 사람들과 눈인사를 하거나 마음대로 움직인다.

② 고개를 숙이고 천천히 걸어본다.

③ 최근에 이렇게 걸어본 적이 언제인지, 그때 기분은 어땠는지 떠올리며 걷는다.

④ 생각이 나면 그 자리에 멈춰 눈을 감는다.

⑤ 전체가 다 멈추면 서로 가까이에 있는 두세 사람씩 짝을 지어 그때의 기분, 상황, 그때 내 옆에 누가 있어야 했는지 등 이야기를 나눈다.

note. 걸으며 묵상하기 변형
자신이 예수님이라고 생각하고 걷는다. 걸으면서 어디에 있는지, 누구를 찾아가고 있는지, 무엇을 하는지 등을 생각해보고 나누게 한다.

이현존

SCHWINN

비블리오드라마(Bibliodrama)

성경 인물이 되어 대사를 주고 받는 상호작용을 하며 여기에 움직임이 더해지면서 드라마 단계로 몰입하게 된다. 드라마 단계는 비블리오로그와 달리 기승전결의 플롯이 있으며 참여자 간 상호작용에 비중이 실린다. 진행자는 등장인물들의 상호작용, 몰입 정도, 나누기 주제 등을 살펴보면서 드라마를 진행해야 한다.

Bibliolog
성경에 말 걸기

비블리오로그

비블리오로그는 텍스트에 말을 걸고 질문하고 그에 답해보면서 성경에 대한 다양한 시각을 경험하는 단계이다. 기승전결의 플롯 없이 텍스트와 상호작용하는 정도에서 마무리되며 간단한 역할극, 스킷 등 단순한 극적 형식을 취하는 것까지 포함한다. 여기서는 텍스트에 대한 '이해'보다는 텍스트와의 '상호작용' 그 자체에 더 비중을 두어야 한다.

오감으로 성경 읽기

단어 놀이

성경 구절 이미지화

오감으로 성경 읽기

시각, 청각, 촉각, 후각 등 몸의 감각을 사용해 성경의 내용을 현재적으로 느끼고 이미지로 활성화하는 활동이다.

| 성경 텍스트 몸으로 느끼기

① 한 본문을 다양한 번역본(공동번역, 새 번역 등)으로 준비해 프린트한다.

② 둘씩 짝을 이뤄 프린트한 성경본문을 가지고 나가 원하는 장소로 간다.

③ 걷거나 가만히 앉아서 한 사람은 되도록 천천히 본문을 읽어주고, 한 사람은 눈을 감고 듣는다.

④ 주변 환경(날씨, 햇빛, 바람, 물소리 등)을 느끼면서 듣는다.

⑤ 서로 느낀 점을 나눈 후 원래 자리로 돌아온다.

⑥ 다함께 모여 느낀 점을 나눈다.

예) 느리게 읽어주니 듣는 내 몸이 거기에 맞춰 느리게 변화되는 것을 느낄 수 있었다 / 평상시에는 눈으로만 읽다가 낯선 환경에서 성경을 들었더니 더 집중이 되었다 / 말씀에 대한 여러 질문과 상상이 떠올랐다 / 걸으면서 읽으니 이야기 속으로 걸어 들어가는 기분이 들었다 / 걷다가 시궁창 냄새를 맡으면서 더러운 귀신이 이런 것인가 생각이 들었다/ 찬바람이 얼굴에 부딪칠 때 예수님께 거절당하는 수로보니게 여인의 심정을 느낄 수 있었다 등

| 텍스트 위에 그림 그리기

성경본문을 전지에 써서 준비한다. 참여자가 자유롭게 나와 단어, 문장, 여백 등에 떠오르는 이미지나 자기 이야기를 생각하며 낙서한다. 낙서한 것과 본문을 연결시켜 이야기하면 성경본문이 생동감 있고 풍성하게 보인다.

① 성경본문을 적은 전지와 크레파스를 준비한다.
② 전지를 벽에 붙이고 떠오르는 이미지들을 크레파스로 자유롭게 그려본다.
③ 진행자가 먼저 자신이 한 것을 설명하고 각자 나와서 자유롭게 설명해 본다.
④ 자신이 그린 것뿐만 아니라 다른 사람이 그린 것과 연결해서 설명해도 된다.
⑤ 느낀 점을 나눈다.

예) 말씀 속에 내 이야기가 있어요 / 생각을 많이 하게 만드네요 / 성경이 영상처럼 입체적으로 느껴져요 / 이 장면에 내가 들어가 있는 것 같아요 / 자기 이야기만 하는 게 아니라 남의 이야기를 들으면서 저렇게도 생각할 수 있겠구나 알게 되니 재밌었어요

| 텍스트에 질문하기

이 활동의 목적은 답을 구하는 것이 아니므로 정답을 요구하거나 밝히지 않는다. 정답만을 요구하는 성경공부는 참여자를 수동적으로 만든다. 그러나 답이 없는 질문은 참여자들이 텍스트에 친밀감을 갖게 하며 그 내용을 더 궁금해하게 된다. 참여자는 텍스트에 질문해보면서 고정관념을 탈피해 창조적인 이야기를 연상하게 된다.

① 벽에 붙여진 성경본문을 보며 떠오르는 대로 질문을 한다. 답은 하지 않는다.

예) 예수 광야시험(마 4:1-11)

예수님은 왜 산꼭대기까지 갔을까? / 시험을 받으러 직접 가셨나? / 시험을 알고 가셨나? 준비가 된 상태였나? / 광야 가는데 짜증이 났나? / 40일 굶고 제 정신이었을까, 아니었을까? / 마귀는 왜 세 번 시험했을까? / 예수님은 왜 성령한테 이끌렸을까? / 시험받을 때 혼자였나? / 마귀는 어떤 모습이었을까? / 경배는 어떻게 했을까? / 마귀랑 천사랑 싸우면 누가 이길까? / 예수님이 하나님의 아들인데 굳이 시험받아야 했나? 등

② 느낀 점을 나눈다.

예) 말씀을 자세히 보게 돼요 / 진심으로 성경이 궁금해져요 / 질문과 텍스트의 상호작용이 일어난다 등

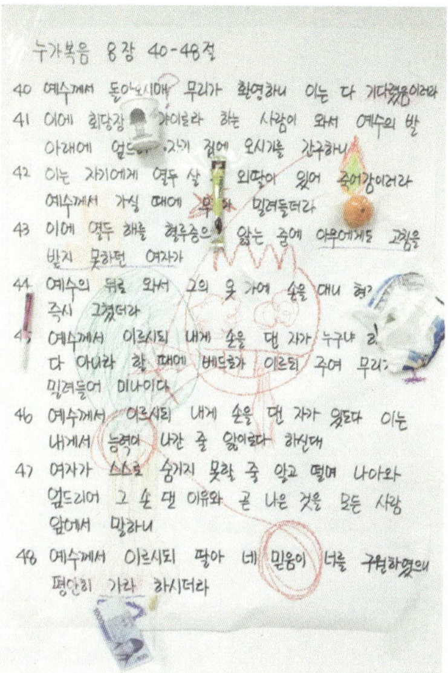

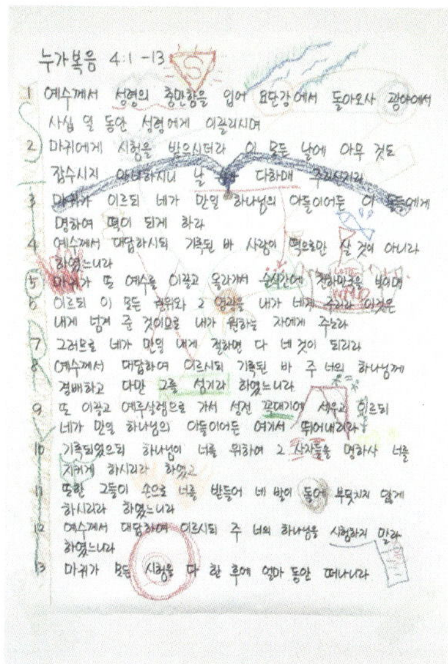

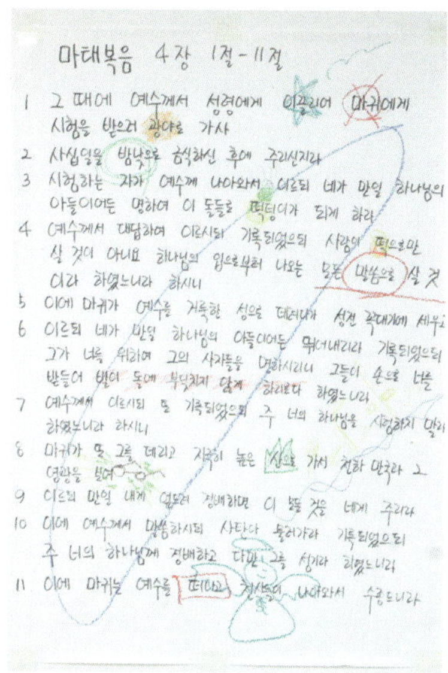

단어 놀이

성경본문을 읽고 동사, 인칭대명사, 장소 등 단어코드를 찾는다. 참여자는 끌리는 단어를 선택하고 지시에 따라 행동하면서 머릿속에 어떤 이미지를 활성화시켜 단어에 의미를 부여하게 된다. 단어가 본래 내포하는 이미지뿐 아니라 참여자가 표현하는 단어의 이미지가 조화를 이루어 본문을 이미지화하는 발판이 된다. 성경본문을 텍스트 그 자체로 바라보고 집중하게 만들어주는 활동이다. 본문의 뜻을 찾으려고 하는 것이 아니라 시나 문학작품을 보듯이 느껴보게 함으로써 성경과 친근해지게 한다.

| 동사 단어 찾기

본문에 나오는 동사를 종이에 적어 바닥에 깔고 참여자들이 끌리는 단어를 선택하여 몸으로 표현하도록 한다. 이 과정에서 참여자들은 자신의 상태를 자각하게 되거나 타인이 표현한 동사의 다른 측면을 보게 되면서 본문을 시각적으로 이해하게 된다.

① 참여자들은 본문에 나타난 동사 단어를 찾는다.

예) 수로보니게 여인(막 7:24-30) : 떠나다, 가다, 듣다, 엎드리다, 애원하다, 누워있다, 옳지 않다 등

예수 광야시험(마 4:1-11) : 가다, 주리다, 이끌리다, 되다, 명령하다, 대답하다, 데려가다 등

돌아온 탕자(눅 15:11-18) : 이르다, 가지다, 나누다, 한다, 주다, 말하다, 있다, 허랑방탕하다 등

② 진행자는 종이 한 장에 한 단어씩 적어 바닥에 하나씩 펼쳐 놓는다.

③ 참여자들은 본문과 상관없이 각자 끌리는 단어에 선다.

④ 모인 사람들끼리 그 단어에 대해 잠시 나눈다.

⑤ 각자 그 단어를 동작으로 표현해본 후, 정지 동작에서 잠시 눈을 감고 느껴본다.

⑥ 종이를 뒤집어 놓고 한 단어씩 돌아가면서 표현해보고 참여자들은 어떤 단어를 표현했는지 맞춰본다.

⑦ 느낀 점을 나눈다.

예) 동사 하나에도 다양한 의미가 있음을 알았다 / 단어에 맞는 동작을 하다 보니 나 자신과 만나게 되는 것 같다 / 생각하고 나서 행동하는 것이 아니라 행동함으로써 깨닫게 되었다 / 단어 하나에도 한 사람의 인생이 들어갈 수 있다는 것을 알게 되었다 / 나눔을 통해 그 의미가 서로에게로 확장되는 것을 느꼈다 등

| 장소 단어 찾기

① 참여자들은 성경본문에 나타난 장소 단어를 찾는다.

예) 혈루증 앓는 여인(막 5:21-36):바닷가, 회당, 집, 회당장의 집, 무리 가운데 등

② 진행자는 종이 한 장에 한 단어씩 적어 바닥에 하나씩 펼쳐 놓는다.

③ 참여자들은 본문과 상관없이 각자 끌리는 단어에 선다.

④ 모인 사람들끼리 그 장소에 대해 잠시 나눈다.

| 인물 단어 찾기

① 참여자들은 성경본문에 나타난 인칭대명사 단어를 찾는다.

예) 혈루증 앓는 여인(막 5:21-36): 제자, 의사, 무리, 예수, 딸, 회당장, 선생, 여자, 사람들 등

예수 광야시험(마 4:1-11): 천사, 사탄, 성령, 사람, 아들, 하나님, 사자들, 예수, 성령 등

돌아온 탕자(눅 15:11-18): 어떤 사람, 아버지, 둘째, 첫째, 종, 한 사람, 품꾼, 벗, 창녀 등

② 참여자들은 본문과 상관없이 자신이 끌리는 단어에 가서 선다.

③ 모인 사람들끼리 그 단어에 대해 잠시 나눈다.

| 인물 단어 배치하기

본문에 나오는 명사 혹은 인물을 종이에 써서 빈 의자에 각각 올려놓는다. 그리고 한 사람씩 나와서 의자를 재배치하도록 한다. 이 활동을 통해 개인이 느끼는 사람과 사물에 대한 이미지, 힘의 관계, 스토리가 다양하게 드러나게 된다. 이를 지켜보는 참여자들은 본문의 내용과 함께 각 개인이 지각하는 이야기를 더불어 바라보게 된다.

① 본문에 나온 인물들을 종이 한 장에 하나씩 적어 의자에 펼쳐 놓는다.

② 자유롭게 나와서 의자의 위치를 마음대로 놓아본다. 이때, 성경에 나오는 장면에 얽매이지 말고 '지금-여기(Here and Now)'에서 느끼는 대로 한다.

③ 왜 이렇게 배치했는지 설명한다.

④ 아래와 같이 여러 가지 방법으로 할 수 있다.

· 높은 곳에서 바라보기

· 만나보고 싶은 인물이 되어 말해보기

예) 예수님이 되어 말해보기

· 만나보고 싶은 인물이 되어 이야기하고 싶은 대상에게 말해보기

예) 예수님이 되어 혈루증 앓는 여인에게 말해보기

· 공기가 되어 돌아다니면서 이야기해보기

· 바라보고 싶은 방향에 서서 이야기해보기

⑤ 느낀점을 나눈다

예) 다양한 시각이 있음을 알게 되었다 / 문득 튀어나오는 말들이 다 내 속에 있는 말이라 놀랍다 / 정답이 없어서 좋다 / 예수님을 중심으로 조밀하게 모여 있을 때 답답함을 느꼈고, 나의 답답함 같았다 / 명확하지 않았던 내면의 상태를 어떻게 해야 할지 막연했는데 다른 사람들이 하는 것을 보고 정리가 되었다 등

성경 구절 이미지화

성경 구절을 가지고 자유롭게 놀이하는 활동이다. 텍스트의 의미를 손상시키지는 않지만 친근한 느낌을 갖게 된다. 논다는 생각으로 이 활동을 하면 누구나 성경을 통해 즐겁게 어울릴 수 있다.

| 사물로 문장 이미지 조각하기

본문의 문장을 일정한 분량으로 나눈 다음 참여자들에게 끌리는 문장을 선택하게 한다. 문장을 다양한 물건으로 형상화해보고 개인과 그룹의 해석을 듣는다. 문장을 이미지화하고 다양한 각도로 보게 만드는 작업으로, 참여자들이 해석에 적극적으로 참여할 수 있게 된다.

① 성경본문을 전지에 써서 준비한다. 참여자의 수에 맞게 적당한 문맥에서 자른다.

예) 돌아온 탕자

· 예수께서 말씀하셨다 ~ 나누어 주었다. (눅 15:11-12)

· 며칠 뒤에 ~ 궁핍하게 되었다. (눅 15:13-14) 등

② 자른 문장들을 벽에 적당한 거리를 두고 붙인다.

③ 각자 돌아다니며 읽어보고 관심이 가는 구절에 선다.

④ 모인 사람들끼리 그룹을 이루어 그 구절이 왜 끌리는지 이야기한다.

⑤ 천과 주변에 있는 사물을 활용해 그 구절을 장면으로 만들어본다. 혼자 선택한 사람은 혼자, 여럿이 선택했다면 협동해서 표현해본다.

⑥ 작품 전시회를 한다. 한 그룹씩 만든 이미지를 관람하고 느낀 점을 이야기한다.

⑦ 작품 설명회를 한다. 만든 사람이 내용을 설명한다.

⑧ 느낀 점을 나눈다.

예) 구절구절이 디테일해진다 / 성경의 텍스트가 나와 상호작용하는 것을 느꼈다 / 예술이 멀리 있는 게 아님을 깨달았다 / 단순한 생각으로 만들었는데 사람들의 말을 들으면서 정리가 되고 새로운 의미가 부여되어 신기했다 / 창조하고 표현하는 즐거움을 누릴 수 있었다 / 다른 사람들이 내가 만든 것을 관찰하고 이야기해주니 인정받고 관심 받는 느낌이 들어 좋았다 등

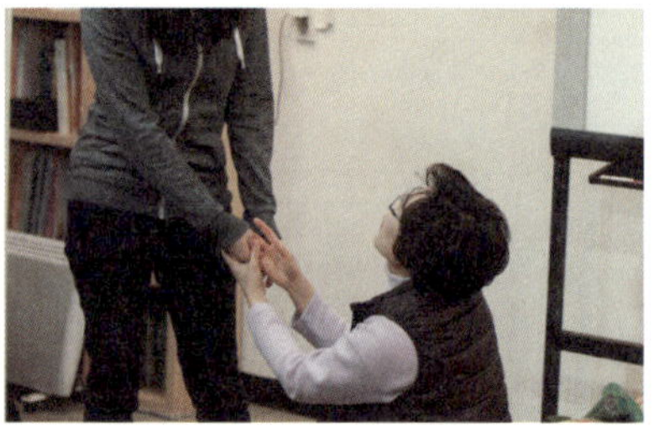

| 인물 조각하기

① 세 명씩 그룹을 짠다.

② 성경본문에 나오는 주요 인물의 역할을 정한다.

예) 돌아온 탕자(눅 15:11-18) : 아버지, 큰아들, 작은아들 등

혈루증 앓는 여인(막 5:21-36) : 예수님, 회당장, 여인 등

③ 성경 속 인물들의 행동, 위치, 자세, 표정을 상상하여 스톱 모션으로 표현한다.

④ 돌아가며 그룹별로 발표한다. 이 때 조각을 만들어 정지 자세로 있으면 다른 참여자들이 어떻게 보이는지, 누가 누구인지를 추측하여 말한다.

⑤ 참여자들은 다양한 각도에서 조각을 바라보고 관찰한 후 느낀 바를 이야기한다.

⑥ 조각에 함께 제목을 붙여본다.

| 인물 조각 변형

① 인물 조각하기 활동에서 조각한 정지 장면 5분 전의 모습을 연기해 처음 정지 장면에서 끝나도록 만들어 본다.

② 인물 조각하기 활동에서 조각한 정지 장면 5분 후는 어떻게 될지 만들어본다.

③ 느낀 점을 나눈다.

예) 인생만사가 다 들어있는 것 같다 / 관점에 따라 달리 보였다 등

| 인물의 마음 조각하기

① 세 명씩 그룹을 짠다.

② 성경본문에 나오는 주요 인물을 정해 내면의 세 가지 마음을 생각해본다.

예) 돌아온 탕자(눅 15:11-18): 아버지, 큰아들, 작은아들 등

혈루증 앓는 여인(막 5:21-36): 예수님, 회당장, 여인 등

③ 인물의 내면이 어떨지 상상해보고 이를 스톱 모션으로 표현해 본다.

④ 돌아가며 발표한다. 앞에 나가 조각을 만들어 정지 자세로 있으면 다른 참여자들이 어떻게 보이는지, 누구의 마음인지를 추측해 본다.

⑤ 참여자들은 조각을 다양한 각도에서 바라보고 관찰한 후 느낀 바를 이야기한다.

| 몸으로 극적 장면 조각하기

① 가장 극적인 구절을 선택해 그룹별로 조각해본다.

예) 혈루증 걸린 여인이 예수님의 옷에 손을 대는 장면

② 그룹별로 조각을 발표하면 다른 참여자들은 가까이 다가가 조각을 살펴보고 감상한 것을 나눈다.

③ 내가 하면서 느낀 점, 다른 사람의 말을 들으면서 느낀 점을 나눈다.

| 성경말씀을 장면으로 만들기

① 전지에 성경본문을 써서 미리 준비한다. 참여자 수에 맞게 적당한 문맥에서 자른다.

예) 예수 광야 시험 (마 4:1-11)

· 그 즈음에 예수께서 ~ 받으셨다 (마 4:1)

· 예수께서 ~ 말씀으로 살 것이다 하셨다 마 4:2-4) 등

② 자른 본문의 문장들을 벽에 적당한 거리를 두고 붙인다.

③ 각자 돌아다니며 읽어보고 관심이 가는 구절에 선다.

④ 이 장면이 왜 끌리는지 모인 참여자들끼리 그룹으로 이야기한다.

⑤ 그 부분을 장면으로 만들어본다.

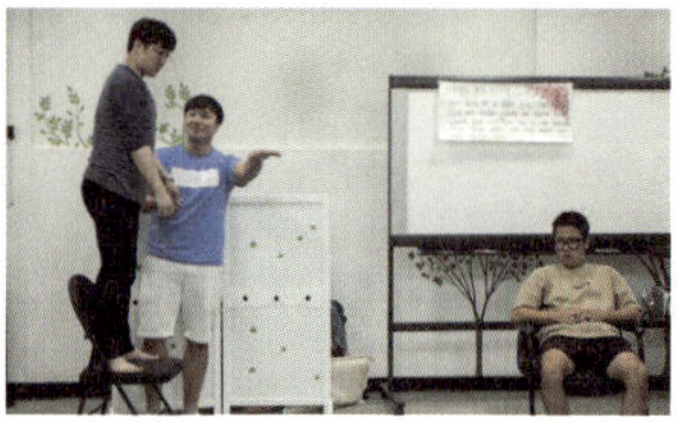

| 극으로 성경 구절 전체 보기

① 극적인 장면으로 조각해보았던 성경 구절들을 전체로 연결하는 활동이다.

② 현실과 성경의 상황을 구분하기 위해 현실과 텍스트 사이에 가상의 타임라인을 만든다. 함께 앉아 있는 공간을 현실 세계로, 그은 선 너머를 성경의 세계로 설정한다.

③ 낭독자를 한 명 정한다.

④ 낭독자가 성경본문을 읽는 중에 참여자들은 자신이 극화할 문장이 나오면 "스톱!"이라고 외친다.

⑤ "스톱!"이라고 외친 참여자들은 살짝 높은 울타리를 넘어가듯 다리를 올려 두 공간의 경계를 지나 무대로 들어간다.

⑥ 연기를 한 후 퇴장하면 낭독자는 다음 구절을 낭독하고 해당 구절의 그룹은 "스톱!"을 외치고 경계 안으로 들어가 연기한다.

비블리오로그는 텍스트에 말을 걸고 질문하고 그에 답해보면서 성경에 대한 다양한 시각을 경험하는 단계이다. 기승전결의 플롯 없이 텍스트와 상호작용하는 정도에서 마무리되며 간단한 역할극, 스킷 등 단순한 극적 형식을 취하는 것까지 포함한다.

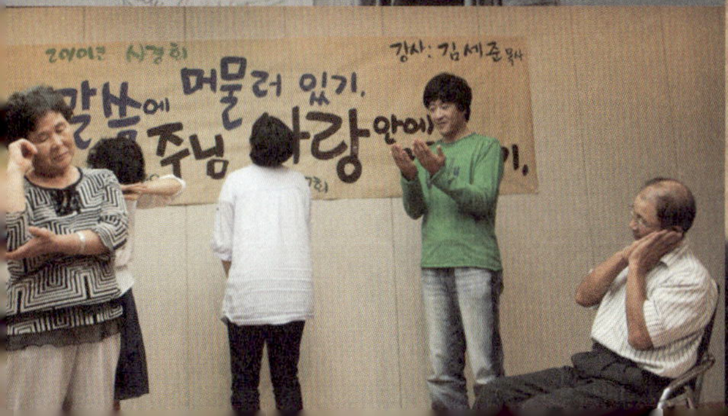

Bibliodrama
성경 속으로 들어가기

비블리오드라마

비블리오드라마에서는 연극에서 활용하는 조명이나 의상 같은 화려한 도구는 필요 없다. 참여자를 드라마에 몰입시키기 위한 간단한 소품이나 기법이 필요할 뿐이다. 비블리오드라마 진행과정에서 참여자들은 크게 두 가지 역할을 수행한다. 역할을 연기하는 배우와 이를 지켜보는 관객 역할이다. 참여자들은 진행자의 지시에 따라 배우와 관객의 역할을 자유자재로 바꿔가며 수행하게 된다.

드라마로 표현하기

드라마 접근 및 기법

드라마로 표현하기

자신이 맡은 역할을 이해하고 성경 인물을 다각적으로 볼 수 있게 된다. 즉흥적으로 표현하기 때문에 자신도 모르는 내면이 드러날 수 있으며 이를 통해 가치관과 신앙을 스스로 점검해볼 수 있다.

| 희극, 비극, 부조리극[1)]으로 표현하기

① 참여자들에게 희극, 비극, 부조리극에 대해 간단히 설명한다.

② 본문을 읽게 한 후 5명씩 한 그룹을 만들어 세 가지 극의 형식(희극, 비극, 부조리극) 중 하나를 선택해 표현하게 한다.

③ 각 그룹은 맡은 형식대로 극을 만든다. 본문 내용 그대로를 극화하는 것이 아니라 드라마와 현실, 자기 내면을 연결시켜 자연스럽게 표현하면 된다.

④ 각 그룹의 즉흥극을 본 후 연기자들의 소감 나누기와 전체 나누기를 한다.

예) 준비하는 과정이 즐거웠다 / 중간에 역할이 바뀌어서 다른 역할들을 해볼 수 있어 좋았다 / 성경을 각색하는 것에 거부감이 있었으나 활동 후 오히려 예수님의 마음을 이해하는 폭이 더 넓어졌다 등

*1) 희극, 비극, 부조리극은 동일한 사건과 세상을 이해하는 각각의 방식을 토대로 만든 극 형식이다. 부조리극은 '삶이란 지루하게 반복되는 것이다.'라는 시각에 바탕을 둔 연극의 한 장르로, 시작도 끝도 없이 반복되는 형식으로 진행되며 대표적인 예로 사무엘 베케트의 '고도를 기다리며'가 있다.

| 개인의 문제 드라마로 만들기(텍스트에서 컨텍스트로 들어가기)

① 성경을 읽다가 개인의 문제로 힘들어하는 사람이 있으면 그룹별로 즉흥적인 상황극으로 만들어 본다.

예) 여러 모로 완벽한(선교단체에 다니며 방언하고 상담도 잘하고 피아노도 잘 치는) 친구로부터 신앙에 대한 조언을 들었던 경험 / 아이가 유치원에 안 간다고 떼를 쓰고 혼자 있겠다고 해서 혼자 두고 일을 하러 나갔는데 그 시간 동안 아이가 죽을 것 같은 공포를 느꼈던 경험 등

② 비슷한 상황을 경험했던 사람이 있다면 이야기를 나누고 이런 상황에 어떻게 대응할지 또는 어떻게 위로할 수 있을지를 토론하여 즉흥극을 만든다. 또 주인공에게 어떤 도움을 받고 싶은지 물어보고 그 사람이 원하는 것을 해주는 것도 중요하다.

③ 주인공은 거리를 두고 앉아 즉흥극을 본다.

④ 주인공이 자기 자신에게 이야기를 해보게 하거나 말을 하고 싶은 대상에게 직접 말하게 한다.

⑤ 느낀 점을 나눈다.

드라마 접근 및 기법

여기서는 빈 의자, 메아리, 속마음, 역할 바꾸기, 시각기법 등을 알아보도록 하자. 비블리오드라마가 끊기지 않고 진행하게 하는 중요한 요소이므로 진행자는 이를 몸에 익히도록 한다.

| 빈 의자

빈 의자는 인물에 집중하도록 만들거나 반응하게 하거나 인물의 내면을 상상하는 데 유익하다. 또한 다양한 인물을 탐색하고 인물 간 관계를 보여준다. 관객은 눈앞에서 일어나는 일을 직접 보면서 이야기의 구조를 상상하게 된다.

예를 들어보자. 빈 의자를 하나 놓고 진행자가 이야기를 시작한다. "여기 탕자가 있습니다. 탕자는 어떤 마음으로 집에서 살았을까요?" 이어 또 다른 빈 의자를 뒤에 두면서 "탕자의 마음은 무엇이었을까요?"하고 묻는다. 이러한 진행은 눈으로 보는 동시에 상상력을 촉발한다. 또는 탕자를 상징하는 빈 의자를 가운데 두고 "성경에는 아버지가 나옵니다."라고 말하면서 빈 의자를 하나 또 둔다. 그리고 "형도 나옵니다."하며 의자를 또 둔다. 이렇게 의자를 두면서 "성경에 나오지는 않았지만 어머니도 있을 수 있겠지요. 하인도 있을 수 있습니다."라고 말하며 빈 의자를 통해 탕자의 관계도를 보여줄 수 있다.

또는 의자를 하나씩 갖다 놓으면서 "여러분은 예수님의 어떤 역할을 원하십니까? 가르치는 예수님, 치유하는 예수님, 야단치는 예수님, 위로하는 예수님."이라고 말할 수 있다. 참여자를 좀 더 활동적으로 만들고 싶으면 "당신이 현재 원하는 예수님의 역할에 해당하는 의자로 모이십시오."하고 지시하면 된다. 이렇게 빈 의자는 개인 혹은 집단으로 하여금 이미지를 구체화시키는 힘을 가지고 있다. 드라마에 필수적이지는 않으나 유용한 도구임은 분명하다.

진행자	(빈 의자를 하나씩 놓으며) 여러분은 예수님의 어떤 역할을 원하십니까? 가르치는 예수님, 치유하는 예수님, 야단치는 예수님, 위로하는 예수님.
참여자1	위로하는 예수님이요.
참여자2	가르치는 예수님이요.
참여자3	저도 위로하는 예수님이요.
참여자4	저는 가르치는 예수님이요.
진행자	네. 여러분들이 원하는 예수님의 역할에 가서 모이세요.

| 초청하기

초청하기란 성경의 인물을 지금 여기로 불러오는 것이다. 진행자는 빈 의자를 놓으면서 다음과 같이 말한다.

> **"여기 아담이 있습니다. 그리고 (두 번째 의자를 놓으며) 여기 이브가 있습니다. (세 번째 의자를 놓으며) 여기 뱀이 있습니다. 이들은 지금 어떤 마음일까요? 여러분은 앞에 놓인 여러 가지 색깔의 천에서 이 인물들의 마음의 색을 골라 의자에 놓아주세요."**

행위가 익숙하지 않은 참여 집단일수록 본문에 천천히 들어가야 한다. 숙련된 진행자는 기다림과 여유를 즐기는 반면 초보 진행자는 참여자들에게 자신의 조급함을 들키고 만다. 진행자가 참여 집단에 대한 신뢰를 갖고 과정을 즐긴다면 성공적인 진행을 할 확률이 높다.

참여자들은 천을 빈 의자에 올려놓는다. 천천히 올려놓는 사람, 다급하게 올려놓는 사람, 나오지 않는 사람 등등 다양한 모습을 보게 될 것이다. 한 사람씩 나와 천의 색깔에 대해 이야기하도록 이야기 하도록 한다.

> **"빨간색을 골랐어요. 이브는 정열적으로 동산을 돌아다녔을 거예요."**
> **"죄가 들어왔다는 의미로 검은색을 골랐습니다."**

"보라색이에요. 마음 둘 데 없는 이브의 마음입니다."

진행자는 이 작업을 하지 않은 참여자들에게도 앉아서 말해보라고 권유한다. 앉아 있는 사람들도 이야기하기 시작한다.

"외로웠을 거예요."

"심심했을 거예요."

"호기심이 많았을 것 같아요."

이렇게 이야기가 물꼬를 틀면 진행자는 일인칭으로 말해달라고 청한다. 즉 이브가 되어서 방금 한 말을 좀 더 설명하도록 권유하는 것이다. 자발성이 오른 참여 집단은 서서히 이브가 되어 이야기하기 시작한다.

"저는 동산을 돌아다녀요. 돌아다니다가 심심할 때도 있어요."

"아담이 안 보이면 심심해요. 뭐라도 하면 좋을 것 같아요."

"난 궁금해요. 동물, 하늘, 동산 모든 곳…"

참여자들의 말이 끝나면 진행자는 다음과 같이 말하며 상상 속 한 장면을 마친다.

"감사합니다. 이브 여러분!"

이런 식으로 각각의 인물을 탐색을 할 수 있다. 인물 탐색이 끝나면 빈 의자에 사람들을 초청한다. 역할을 해보고 싶은 사람들은 의자에 앉도록 한다.

진행자	여기 마음의 색을 골라 의자에 놓았는데 설명해주세요.
참여자5	저는 빨간색을 골랐어요. 이브는 정열적으로 동산을 돌아다녔을 거예요.
진행자	이브의 마음이 어땠을지 다른 분들도 이야기 해보세요.
참여자6	외로웠을 거예요.
참여자7	심심했을 거예요.
진행자	심심한 이브로서 얘기해보겠어요?
이브 참여자7	아담이 안보이면 심심해요. 뭐라도 하면 좋을 것 같아요.

| 목소리 부여하기

목소리 부여하기는 이야기의 인물이나 대상이 되어 일인칭 관점에서 말하는 행위를 뜻한다. 참여자는 목소리를 내거나 연기를 하면서 역할에 몰입한다. 진행자는 참여자가 역할에 계속 몰입할 수 있도록 도와야 한다. 몰입을 위한 전략에는 간접 및 직접 접근 전략이 있다.

예를 들어 동산 중앙에 있는 선악과를 바라보는 이브에게 열매에 대한 느낌과 이미지를 묻는다. 이런 질문은 선악과를 들고 갈등하는 이브 내면의 문제를 관객이 추측하게 하고 이브 역을 맡은 사람이 극에 몰입하게 되는 첫 단계이다.

> **"저는 동산을 지날 때마다 의문이 들었어요. 하나님은 왜 그런 명령을 내리셨을까? 왜 만들어 놓고 먹지 말라는지 이해를 못하겠어요. 하지 말라는 것을 다 치워놓든지 아니면 맘대로 하게 두든지... 내가 이렇게 힘들 때 아담은 어디 있는 거야. 나 혼자만 두고..."**

뱀에게도 묻는다. 열매를 쳐다보는 이브가 어떻게 보이는지 말하도록 한다.

> **"저는 이 순간을 얼마나 기다렸는지 몰라요. 이브가 선악과를 먹는 순간을 나는 매일 그리고 또 그렸어요. 이브가 나의 말에 넘어오는 최적의 순간을... 그리고 하나님이 원망스러워요. 왜 내가 이런 일을 하게 내버려두는지..."**

여기까지는 간접적 몰입이다. 직접적 몰입을 위해 이브에게 자리에 없는 아담을 향해 외치도록 한다. 보이지는 않지만 대상을 향해 외치는 순간 직접적 몰입에 들어가게 된다. 이 과정에서 자기 정체성과 인물에 대한 구체적 묘사가 이뤄진다.

> **"아담, 아담! 어디 있는 거야? 난 무섭다구. 혼자 두지 말란 말이야."**

뱀도 하나님에게 외칠 수 있다.

> **"왜 제가 악역을 맡아야 하죠? 나도 이런 짓 하기 싫을 때가 많은데......."**

이러한 질문과 내답 속에서 역할에 대한 몰입이 일어나며 진행자는 다음 단계를 준비하게 된다. 숙련된 진행자일수록 다음과 같은 다층적 시각을 갖고 이를 진행한다. 첫째는 역할로서 말하는 대사에 내재된 다양한 의미를 파악하는 것이다. 이브가 "아담은 어디 있는 거야. 나 혼자만 두고."라는 말을 살펴보자. 이는 이브가 할 법한 대사이지만 역할을 맡은 사람의 실존적 고민이 담길 수도 있다. 또 참여자 모두의 마음 한편에 간직한 실존적 질문일 수도 있다. 뱀의 대사도 마찬가지이다. "나도 이런 짓 하기 싫은데..." 이런 말은 죄를 저지르거나 실수를 하는 모든 인간의 마음의 소리일 수 있다. 둘째는 몸의 반응을 보는 것이다. 대사를 하는 뱀과 이브가 어떤 목소리, 어떤 표정, 어떤 감정으로 말하는지 예민하게 살펴야 한다. 감정과 몸의 반응에 민감하게 반응하면서 드라마를 진행하는 진행자와 도식적으로 진행하는 진행자는 집단의 응집력에 매우 큰 차이를 가져온다.

진행자	이브 얘기해보세요.
이브 참여자1	저는 동산을 지날 때마다 의문이 들었어요. 하나님은 왜 그런 명령을 내리셨을까? 왜 만들어 놓고 먹지 말라는지 이해를 못하겠어요...내가 이렇게 힘들 때 아담은 어디 있는 거야.
진행자	뱀도 얘기해보세요.
뱀 참여자3	저는 이 순간을 얼마나 기다렸는지 몰라요. 이브가 선악과를 먹는 순간을 나는 매일 그리고 또 그렸어요.

| 만남(Encounter)

만남이란 이렇게 현재로 불러온 성경 인물과 참여자들이 대면하고 말을 주고받는 상호작용을 통해 서로의 인식을 새롭게 하는 과정을 말한다. 진행자는 충분히 인물 탐색을 한 후 뱀과 이브가 마주하게 한다. 그리고 뱀을 보는 이브에게 다양한 질문을 던진다.

"저 뱀을 처음 보셨나요?"

"저 뱀은 왜 당신을 보고 있을까요?"

"이 상황에 아담은 어디 있을까요?"

이브 역을 맡은 참여자는 즉흥적으로 답할 것이다. 마찬가지로 뱀에게도 질문 할 수 있다.

"당신은 이브를 언제부터 보고 있었나요?"

"당신을 그렇게 만든 하나님에게 할 말이 있나요?"

그리고 이 둘을 만나게 하여 대화를 유도한다. 뱀 역할을 맡은 참여자는 대체로 자신의 역할에 충실하여 이브에게 선악과를 먹이려 노력한다. 이브는 완강하게 거부한다. "이 열매를 먹으면 지혜로워질 거야." 혹은 "이 열매를 먹으면 기분이 좋아져."라는 식의 권유는 이브의 마음을 움직이지 못한다. 싫다고 하는 이브 역할은 극 중 이브와 현실의 자신 사이에서 갈등하게 된다. 진행자는 이럴 때 잠시 역할을 바꾸어 말해보도록 한다. 이브가 뱀의 위치로 가서 하는 말은 곧 자기 자신에게 하는 말이다.

"이걸 먹으면 예뻐져. 정말이야."

"이걸 먹으면 아담이 동물들하고 놀지 않고 너와 더 많은 시간을 보낼 거야."

이런 말이 끝나면 제자리로 돌아오게 하고 뱀이 이를 그대로 말하게 한다.

"이걸 먹으면 예뻐져. 정말이야."

"이걸 먹으면 아담이 동물들하고 놀지 않고 너와 더 많은 시간을 보낼 거야."

이런 말을 들은 이브는 말없이 선악과를 쳐다보거나 "정말?"하면서 반응을 보이게 된다. 철저하게 선악과를 먹지 않겠다고 버티거나 거부하면 관객들이 뱀이 되어 전략을 짜보도록 할 수도 있다. 이런 과정 속에서 참여자 모두의 경험이 묻어나게 된다.

| 속마음(Double)

속마음은 한 역할의 다양한 마음을 표현하게 만드는 기법이다. 이브의 예를 들어보자. 뱀에게서 선악과를 넘겨받았을 때 이브는 호기심, 두려움 등 다양한 마음을 품을 것이다. 속마음 기법은 이런 이브의 여러 마음을 다른 참여자들이 해석하고 목소리를 내도록 도와준다. 또한 인물의 성격 묘사나 감정 상태를 명료하게 해주거나 등장인물이 드러내기 주저하는 속 이야기를 표현하도록 힘을 실어준다. 관객이 극에 참여하는 길을 열어주기 위해 사용할 수도 있다. 속마음을 연기하는 참여자(관객)의 자발성이 높으면 자연스럽게 배우 역할을 하던 참여자와 역할을 바꾸어 직접 말하게 하는 것이다. 이브의 뒤에서 갈등하는 감정을 연기하는 참여자가 "나는 힘들어."라고 말한다면 이브 역할과 바꾸어 직접 뱀에게 말하도록 한다. "난 힘들어. 네가 그렇게 날 유혹하면 난 힘들단 말이야" 라는 문장으로 자신을 대면하게 한다. 또는 이브가 다음과 같은 말을 한다.

"난 네가 준 열매를 먹지 않을 거야."

이 한 문장 속에도 다양한 속마음이 들어있을 수 있다. '그래도 먹으면 뱀이 말한 대로 똑똑해질 수 있지 않을까?', '절대 네 말 안 믿어. 내가 바보냐?' 속마음을 구경하던 관객이 직접 나와서 말을 하거나 진행자가 말할 수도 있다. 이는 갈등 요소를 극대화하는 기회가 된다.

이브[더블]	나는 힘들어.
이브	난 힘들어. 네가 그렇게 날 유혹하면 난 힘들단 말이야.
이브[더블]	난 네가 준 열매를 먹지 않을 거야.

| 역할 바꾸기

역할 바꾸기는 자신의 역할을 다른 사람의 관점에서 살펴볼 때 사용하는 기법이다. 다른 사람의 관점에서 자신의 질문에 답해보면서 문제를 해결하는 데 유용하다. 예를 들어보자. 뱀이 선악과를 자꾸 권하고 이브는 완강히 거부한다. 그럴 때 잠시 이브와 뱀의 역할을 바꾼다. 이브의 입장을 잘 아는 사람인 자신이 뱀이 되면 이브를 꾀어넘길 수 있는 마땅한 대사를 하게 된다.

"이 열매는 너를 아름답게 만들어줄 거야."

"이 열매는 너를 날씬하게 만들어줄 거야,"

역할 바꾸기를 한 후 제자리로 돌아와 이브가 뱀 역할을 하면서 했던 대사를 뱀이 다시 그대로 하면 이브는 잠시라도 심리적으로 흔들리는 모습을 보이게 된다. 아담이나 하나님이 되어 이브를 위로하거나 다른 지시를 할 수도 있다.

"이브, 내가 잘못했어. 당신을 지켜주지 못 했어"

"네가 나약해서 그런 죄를 범하였구나. 이 불쌍한 이브야..."

이처럼 역할 바꾸기를 적절한 순간에 사용하면 하나의 장면을 심층적으로 이해하고 참여자의 정보를 좀 더 확보하는 데 도움이 된다.

뱀참여자3	이 열매 먹어봐. 좋아.
이브참여자1	싫어. 난 네가 준 열매를 먹지 않을 거야.
진행자	역할 바꿔서 저 이브가 흔들릴 만한 얘기를 해보세요.
뱀참여자1	이 열매는 너를 아름답게 만들어 줄 거야. 날씬해져.
진행자	다시 역할 바꿔서 그말 그대로 해주세요.
뱀참여자3	이 열매는 너를 아름답게 만들어 줄 거야. 날씬해져.
이브참여자1	아.....

| 메아리(반복하기)

메아리는 참여자를 역할에 몰입하게 만드는 유용한 도구이다. 진행자는 일반적으로 적극적인 참여 집단을 만나기보다는 어색해하고 수줍어하고 회피하려고 하는 참여 집단과 만나게 된다. 워밍업을 하더라도 어떤 역할을 맡아 이야기하고 연기하는 것은 쉽지 않다. 진행자는 메아리 기법을 통해 참여 집단에게 그들이 보여주는 말, 표정, 몸의 언어에 힘을 실어줄 수 있다.

예를 들어 "여자가 그 나무의 열매를 보니, 먹음직도 하고, 보암직도 하였다. 그뿐만 아니라, 사람을 슬기롭게 할 만큼 탐스럽기도 한 나무였다. 여자가 그 열매를 따서 먹고, 함께 있는 남편에게도 주니, 그도 그것을 먹었다."(창 3:6)라는 구절을 탐색해보자. 진행자는 참여자가 연기에 참여하도록 만들기 위해 다음과 같이 말을 시작한다.

> **"여러분들은 이제 이브가 되는 겁니다. 선악과를 손에 들고 아담에게 향합니다. 그 발걸음은 무겁습니까? 아니면 견딜만합니까? 마음속에서는 무슨 일이 벌어지고 있는 거죠? 그 선악과의 맛은 지금 당신의 혀에 남아 있습니까?"**

얼마간 침묵이 흐른 뒤 한 사람이 말한다. "맛이 사라졌어요." 그 말에 덧붙여 진행자는 이야기한다. "아까 그 달콤한 맛이 없어지고 입이 쓰디쓴 것은 왜일까?" 또 다른 사람이 말한다. "너무 맛있어서 지금도 그 맛을 잊을 수 없어요." 진행자는 연이어 "이 맛을 나누고 싶지 않아, 그 누구와도..."라고 말한다.

또 다른 예를 들어보자. 탕자가 어떤 이유로 아버지에게 재산을 나누어 달라고 했는지 탐색해보고자 한다. "예수께서 말씀하셨다. "어떤 사람에게 아들이 둘 있는데 작은 아들이 아버지에게 말하기를 '아버지, 재산 가운데서 내게 돌아올 몫을 내게 주십시오' 하였다."(눅 15:11-12 상반절) 진행자는 먼저 이렇게 말한다.

> **"여러분은 집에서 얼마동안 살았습니까? 17년? 20년? 25년? 왜 지금 재산을 나누어 달라고 하는 겁니까? 집이 답답합니까? 세상이 궁금합니까? 집에 문제가 있습니까? 지금 심정이 어떻습니까? 형은 당신을 어떻게 대합니까? 사이가 좋습니까? 아니면 괴롭힌 적이 있습니까?**

당신의 집은 어떤 기분이 듭니까? 탕자님들 이야기해주시면 감사하겠습니다."

관객들은 잠시 고민하다가 하나 둘 이야기를 시도한다. "집은 너무 답답해..." 진행자는 묻는다. "그래서?" 관객은 이야기를 연장한다. "그래서 나가고 싶어" 또 다른 관객이 말한다. "왜 못 나가게 하는 거야..." 진행자가 이어서 말한다. "나도 내가 하고 싶은 것을 할 수 있는 자유가 있는데..." 여기서 진행자는 메아리를 두 가지 기능으로 사용하였다. 말하는 사람의 이야기를 강화하고 말을 보충하는 기능이다. 메아리 기법은 긴 시간이 걸리는 비블리오드라마 진행 초반에 추진력을 주며 장면과 장면을 이을 때 유용하다. 진행자가 참여자에게 민감하게 반응하기 위해 꼭 필요한 기술이기도 하다. 이를 통해 말하는 참여자의 연기가 깊어지고 진솔한 이야기가 나오게 된다. 위의 예에서 알 수 있듯 진행자는 다양한 역할을 소화하며 역할 연기자 및 촉진자로 참여하게 된다. 참여자들이 몰입하여 자발적인 연기가 가능할 때 진행자는 서서히 뒤로 물러서고 참여자들이 스스로 드라마를 이끌게 해야 한다.

| 시각 기법

시각 기법은 성경본문을 시각화하도록 돕는다. 그러면 문자를 읽을 때는 발견하지 못했던 수많은 이야기가 생성되며 이를 이용해 드라마를 촉진하거나 관객과 상호작용을 할 수 있다. 이를테면 성경의 장면을 사진이나 조각처럼 눈으로 볼 수 있게 만든 뒤 관객에게 자신이 보는 것에 대해 말하게 하거나 드라마 진행 중 역할을 맡은 이에게 그의 내면을 조각으로 표현하게 하는 것이다. 조각은 간단한 사물(의자, 천, 바구니 등)을 이용하거나 참여자들을 동원하여 만들 수 있다.

나누기(Sharing)

드라마 과정이 끝나면 나누기를 한다. 나누기란 함께 하는 시간, 공유하는 시간이다. 그래서 한 사람의 이야기를 일방적으로 듣기보다는 참여자 한 사람 한 사람이 느낀 소감과 자기 이야기를 한다. 나누기를 하는 이유는 비블리오드라마 과정이 수많은 움직임과 정서와 말을 담고 있기 때문이다. 진솔하게 이야기를 나누면서 순간적으로 놓쳤던 깨달음, 생각, 느낌, 소감 등을 정리하는 시간을 갖는 것이다. 이 과정에서 성경말씀이 각자에게 어떤 의미로 다가왔는지 나누게 된다. 그러나 이는 지식적 나눔이 아니라 자신의 경험이 어떠했는지를 이야기하는 것이다. 성경말씀에 익숙한 사람이 있는가 하면 생소한 사람도 있기 때문에 각자 경험한 말씀의 의미는 모두 다를 것이다. 그러나 바로 이 다름 때문에 서로 미처 알지 못하던 말씀의 또 다른 측면을 보게 되어 이야기가 풍성해지고 서로에게 영향을 미치게 된다.

나누기

참여자들은 말씀을 경험하면서 자연스럽게 자기의 삶을 이야기한다. 비블리오드라마 과정에서 참여자들은 인물의 정서를 연기하는데 그 연기와 움직임은 자신과 밀접한 연관을 갖기 때문이다. 그 내용은 지극히 주관적이고 사적이다. 그 삶의 이야기는 상처일 수 있으며 아픔일 수도 있다. 바로 이 때문에 비블리오드라마의 특징에 자기발견적 요소가 포함되는 것이다. 완전히 교육적인 비블리오드라마를 진행할 수도 있지만 그 경계를 명확히 구분 짓기는 힘들다.

나누기 과정 속에서 진행자는 두 가지 역할을 수행해야 한다. 성경 교육자 역할과 집단 상담자 역할이다. **첫 번째는 성경 교육자로서 비블리오드라마를 통해 성경을 어떻게 이해하게 하느냐의 문제다.** 성경 주석적 이해나 학습 목표에 따른 교훈으로 비블리오드라마를 정리할 것인지, 참여 집단이 발견한 내용을 정리하는 정도에서 끝낼 것 인지는 집단과 진행자의 성격에 따라 다르다. 그러나 필자는 비블리오드라마를 통해 나의 신학적 지식이나 견해를 밝히지 않는다. 참여자들이 표현한 내용을 정리하고 반영할 뿐이다. 이렇게 할 때 성경이 스스로 말하게 하고 참여자 스스로 깨닫게 만드는 효과가 더 크기 때문이다.

두 번째는 집단상담자 역할로서 참여자들의 사적인 이야기나 상처 등을 다루는 능력이 필요하다. 어떤 상황에서 어떤 감정적 반응이 나올지 모르기 때문에 준비가 필요하다. 준비되지 않은 지도자는 정서를 과도하게 자극하는 비블리오드라마를 하기도 하는데 이후 돌봄이 미숙하거나 부족할 경우 마음에 상처를 입거나 힘들어하는 참여자가 생길 수 있다. 또한 참여자들이 서로의 이야기를 평가하거나 개입하려할 때 진행자가 민감하게 반응하고 통제하지 않으면 부지불식간에 상처를 입을 수도 있다. 그래서 진행자는 인간에 대한 기본적인 이해가 있어야 하며 집단상담 능력을 훈련할 필요가 있다.

집단상담이란 집단이 스스로 성장할 기회를 갖고자 만든 교육적, 치유적 프로그램이다. 집단상담 프로그램은 참여자 각자가 프로그램 과정 속에서 자기를 발견하고 자기 문제를 해결할 수 있도록 돕는다. 진행자는 이 목표를 달성하기 위해 프로그램을 진행하며 참여자의 자발성을 촉진한다. 비블리오드라마도 집단상담적 요소가 있으며 진행자는 나누기를 통해 정리하는 과정에서 참여자가 자신을 발견하고 성장하도록 이끌어야 한다.

집단상담적 요소가 무엇인지 구체적으로 살펴보자. **첫째, 먼저 수용적 태도를 유지해야 한다.** 나누기 시간에는 참여자들이 무슨 말을 하든 그럴 수 있겠구나 라고 인정하는 분위기를 만들어야 한다. 타인에 대해 말하려면 그 사람의 신발을 신고 오랫동안 걸어봐야 한다는 인디안 속담처럼 수용적인 태도로 임하게 해야 한다. 서로를 이해하고 수용하는 태도가 있으면 자연히 남을 돕고 싶은 마음이 생긴다. 드라마 과정에서 이런 마음이 생기기도 하지만 나누기 시간에는 더욱 자연스럽고 분명하게 드러나게 된다. 그러나 돕고 싶은 마음이 앞서 섣불리 충고하거나 가르치려고 하는 참여자가 꼭 생기게 마련이다. 이를 통제하고 비슷한 경험을 이야기하는 것이 나누기의 규칙이라는 점을 분명히 해야 한다.

둘째, 보편성이다. 나누기 시간에 성경이나 하나님에 대한 의문, 기도를 해도 해결되지 않은 문제나 새롭게 경험한 이야기 등 많은 이야기가 나온다. 이런 이야기는 인간 보편적 내용이어서 나누기 시간에 이를 이야기하면 문제의 무게를 한 뼘 가볍게 인식하게 되는 기회가 된다. 준비되지 않은 진행자는 부정적 이야기에 예민하게 반응한다. 그러나 인간이기 때문에 갖는 보편적 갈등과 의심을 진행자가 넉넉히 수용해주면 참여 집단의 마음은 활짝 열리게 된다.

셋째, 집단 응집력이다. 나누기 시간에 진솔하게 이야기를 나누면 이 비블리오드라마를 함께 경험했다는 사실만으로 공동체성이 강해지고 결속력이 높아지게 된다. 말씀을 함께 공유하고 마음의 이야기를 공유했다는 점은 관계를 더욱 끈끈하게 만들어준다. 참여자들은 서로의 위로와 사랑을 경험하면서 성경말씀에 더 깊이 빠지는 경험을 하게 된다.

넷째, 나누기 시간은 상호 배움의 시간이다. '아! 저 분은 저렇게 성경을 이해했구나.', '아! 그런 삶을 살았기 때문에 그런 은혜를 받았구나.', '저런 아픔이 있었기 때문에 저런 말씀을 하시는구나.' 등등 서로 배우게 된다. 일방적 교육과 지시가 아닌 진솔한 나눔에서 비롯된 경험은 서로를 성장시킨다.

다섯째, 비블리오드라마 과정에서 경험한 타인의 말과 행동에서 배운 행동과 사회적 기술도 나누기 시간에 이야기 할 수 있다. 비블리오드라마의 장면들은 현실 속에 있을 법한 것들이다. 참여자들이 이에 대응하는 행동과 말은 다른 참여자들에게는 사회적 기술을 학습하는 기회가 된다. 이렇게 습득한 모방행동은 현실에서 비슷한 상황에 직면했을 때 무의식적으로 발현된다. 즉, 학습된 역할은 자아와 결합하여 현실에 영향을 주는 사회적 기술이 된다.

여섯째, 나누기 시간은 정화의 시간이다. 묵혔던 감정을 털어낼 뿐 아니라 사고와 관계도 변화하는 것을 느끼게 된다. 비블리오드라마를 하면 속으로 참고만 있던 일들을 말하거나 몸으로 하나님을 경험하게 되며, 과거의 상처가 해소되면서 마음이 후련해지는 느낌을 갖게 된다. 또는 고정관념이나 편견에서 벗어나 이해의 폭이 넓어지는 경험도 정화의 한 양상이다.

일곱째, 나누기를 통해 상대가 경험한 이야기, 이해한 말씀 등이 자신이 경험한 부분과 비슷하다고 느끼면서 동일시 효과가 나타난다. 또는 진행자나 자신보다 더 나은 삶의 기술을 가지고 있는 사람을 닮으려고 노력하기도 한다. 집단교육, 집단상담의 효과가 증가되는 이유가 여기에 있다.

여덟째, 가족이 재구성된다. 공동체는 또 다른 가족 모형이다. 비블리오드라마 집단은 가족 경험을 하게 만드는 효과가 있다. 비블리오드라마 참여자는 참여 집단이 가족과 같다는 느낌을 갖는다. 그 느낌이 부정적이든 긍정적이든 말이다. 이 가족 경험에서 참여자는 자신의 실제 부모 형제에게 느꼈던 마음의 문제를 발견하고 상호작용을 통해 문제를 극복하는 힘과 경험을 갖게 된다. 또한 실제 가족을 거리를 두고 객관적으로 바라보거나 새로운 정서를 경험하게 된다.

아홉째, 자기 이해가 깊어진다. 성경에 대해 이해하거나 타인과 상호작용하면서 느낌과 행동, 말 등이 명료해지며 자신을 인식하는 폭이 넓어진다. 그래서 받아들일 수 없었던 자신의 모습이나 타인을 좋아하고 싫어했던 근본적 이유를 발견하게 된다. 자신이 어떤 상황에서 비현실적으로 분노하는 등 대처 방식에 문제가 있다는 사실 또한 깨닫게 된다. 깊이 들어가면 지금의 감정이나 행동이 성장기와 관련이 있다는 것도 알게 된다.

열번째, 대인관계가 개선된다. 자신과 타인을 이해하고 마음의 근심이 해소되면 대인관계가 유연해진다. 비블리오드라마를 통해 이해하지 못했거나 두려워했던 대상의 이미지에 영향을 미치게 되고 타인에게 너그러워진다.

집단상담적 요소는 나누기 시간뿐 아니라 비블리오드라마 프로그램 진행 중 언제나 나타난다. 어느 교회 학생회 프로그램을 진행할 때의 일이다. 행복 지수에 따라 줄을 서보라고 했다. 학생부 회장은 100에 서 있었고 학생부에서 회장의 말을 따르지 않고 가장 말썽을 피우고 장난만 치던 학생은 10 정도에 서 있었다. 나는 말썽을 피우는 학생에게 왜 10점인지 말해보라고 하였다. 가정에서 오는 고통, 학교에서 겪은 힘든 일들, 교회 학생부에서 소외당한 일들을 이야기하기 시작하자 행복 지수 100에 서 있던 학생부 회장이 울기 시작했다. 자신의 말과 행동이 따뜻하지 못했고 친구를 이해하지 못했다는 죄책감이 올라왔기 때문이다. 나는 회장에게 행복지수 10에 서 있는 학생에게 하고 싶은 말을 해보라고 했다. 회장인 아이는 말썽을 부리던 친구에게 다가가 포옹하고 눈물을 흘렸다. '미안해'라고 말하면서.

또 다른 사례는 시카고 목회자 수련회 기간에 있었던 일이다. 모세의 탄생과 여인들에 관한 비블리오드라마를 마치고 나누기 중이었다. 머리가 하얗게 센 목사님 한 분이 자신의 이야기를 나누어 주었다. 그의 어머니는 한국전쟁 중 남편이 죽고 생활이 힘들어지자 그를 고아원에 맡기고 사라졌다. 그는 전쟁이 끝난 뒤 수소문을 해서 어머니를 찾아갔지만 이미 재혼한 어머니는 더는 찾아오지 말라고 하는 것이었다. 그는 어린 마음에 상처를 입고 고아원으로 돌아와 어머니를 잊고자 노력하였다. 그리고 목사가 되어 미국으로 이민 온 뒤 미국인들만 상대하는 사역지를 찾아 돌아다녔다. 그런데 아기 모세가 강물 위 바구니에서 엄마를 떠올리는 장면에서 잊었던 어머니에 대한 기억이 살아난 것이다. 평생 아무에게도 하지 않은 이야기였다.

마지막 사례는 사울과 다윗에 대한 비블리오드라마를 마친 뒤의 일이다. 한 청년이 자신이 사울 역할을 할 때 다윗이 꼴 보기도 싫었다고 고백했다. 다윗이 하나님에게 사랑받고 사람들에게 추앙 받는 모습이 너무 싫었다. 그는 사울의 입장에서 다윗에게 했던 비난이 자신이 다니는 교회의 목회자 자녀에게 느끼는 마음이라고 하였다. "목사 아들이니까 하나님 사랑을 다 차지하겠지. 얼마나 좋겠어. 목회자 부모니까 기도도 많이 하고 축복도 다 받고 교인들도 항상 목사님 아들, 목사님 아들 하잖아."라는 마음을 갖고 있다가 불쑥 사울의 역할을 하던 중 그 소리가 나왔던 것이다. 이 청년의 나눔이 끝나자 한 참여자가 자신이 목회자 자녀로서 경험한 고통을 나누었다. 그는 아버지가 임지를 옮길 때마다 친하게 사귀던 친구들과 헤어지는 바람에 이제는 아무와도 깊게 사귀지 못하게 되어버렸다. 또 교인들에게 본을 보여야 한다는 압박에 아무 것도 못하고 살았다. 학원도 다녀서는 안 되고, 주일날 공부를 해서도 안 되고, 예배 시간에 딴 짓을 하면 항상 지적을 받고 조그만 실수도 용납되지 않아서 숨 막히는 삶을 살았다며 눈물을 흘렸다. 서로를 깊이 이해하면서 따뜻한 화해가 이뤄지는 순간이었다.

나누기를 하는 이유는 비블리오드라마 과정이 수많은 움직임과 정서와 말을 담고 있기 때문이다. 진솔하게 이야기를 나누면서 순간적으로 놓쳤던 깨달음, 생각, 느낌, 소감 등을 정리하는 시간을 갖는 것이다. 이 과정에서 성경말씀이 각자에게 어떤 의미로 다가왔는지 나누게 된다. 그러나 이는 지식적 나눔이 아니라 자신의 경험이 어떠했는지를 이야기하는 것이다. 성경말씀에 익숙한 사람이 있는가 하면 생소한 사람도 있기 때문에 각자 경험한 말씀의 의미는 모두 다를 것이다. 그러나 바로 이 다름 때문에 서로 미처 알지 못하던 말씀의 또 다른 측면을 보게 되어 이야기가 풍성해지고 서로에게 영향을 미치게 되는 것이다.

Q&A

1. 분위기가 너무 격해지거나 승패에 집착해 싸움이 일어나면 어떻게 수습하죠?

비블리오드라마 진행을 위해 참여 집단의 자발성을 높이는 것은 매우 중요합니다. 그러나 진행자가 갈등 상황을 과도하게 촉진하거나 개인의 특정 행동을 방치할 경우에는 위험한 상황이 벌어질 수 있습니다. 진행자의 미숙한 진행 때문에 일어나는 위험한 상황을 예방하기 위해 진행자로서 역량을 길러야 합니다.

2. 교회에서 매주 보는 아이들은 이미 친한데 웜밍업 시 주의해야 할 점이 있나요?

웜밍업은 삶을 나누고 보이지 않는 것들을 이야기하게 하는 사전작업입니다. 즉, 그간 교회에서 하지 않았던 이야기를 하게끔 하고 보여주지 않았던 모습을 보여주기 위함입니다. 때문에 웜밍업에 너무 중점을 두어서는 안 됩니다. 너무 재미있는 것을 추구하다 보면 거기에만 몰입하게 됩니다. 아이들의 분위기에 따라 웜밍업을 생략하고 바로 활동으로 들어가도 됩니다.

3. 성경에 없는 이야기를 하는 것에 불편해하거나 화내는 사람이 있으면 어떻게 해야 하나요?

비블리오드라마에 대한 이해가 충분하지 않으면 자신이 알고 있는 성경 지식이나 신학적 견해로 지금 여기서 펼쳐지는 성경 장면을 무시하거나 침범하게 됩니다. 이런 현상을 막기 위해서 비블리오드라마에 대한 이해를 충분히 시키고 모든 이야기는 극중에서 하도록 해야 합니다.

4. 역할을 해보라고 지목했는데 맡기 싫어하면 어쩌죠?

역할을 맡기 싫어하는 사람에게 억지로 시키면 저항이 일어납니다. 진행자는 그런 저항을 보호해야 할 의무가 있습니다. 모든 진행 과정은 자발적으로 이루어져야 하므로 자발성을 촉진하는 것이 가장 중요합니다. 그래서 진행자는 참여 집단을 잘 살펴서 자발성이 높은 사람에게 역할을 맡겨야 합니다.

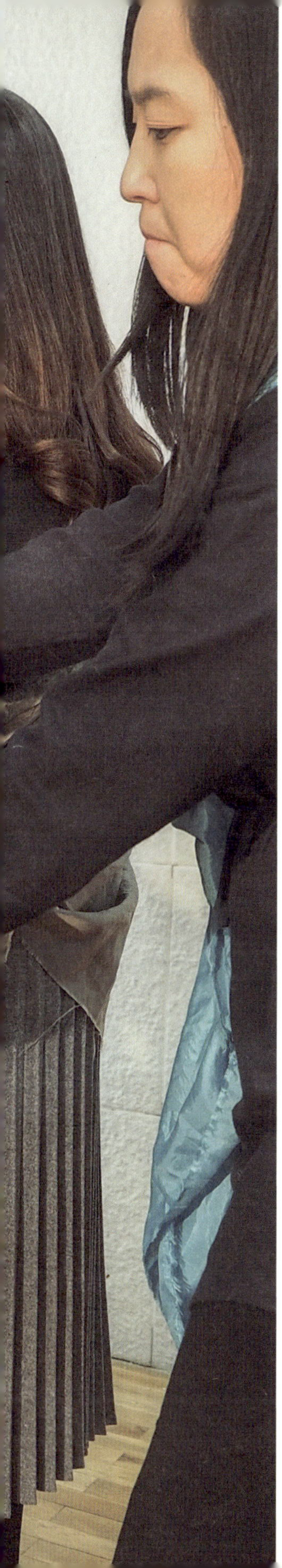

Part 3

비블리오드라마 사례

혈루증 여인과 야이로의 딸(눅 8:40~56)

[일러두기]
Part 3에 실린 비블리오드라마 사례는 사전에 각 참여자의 동의를 얻어 진행한 실제 비블리오드라마 과정을 녹취하여 차례대로 재구성한 것입니다. 자연스러운 독서의 흐름과 편의를 위해 일부 워밍업이나 구술 내용은 생략하였습니다. 개인정보 보호를 위해 참여자의 이름은 숫자로 처리했으며 다소 민감한 내용은 생략하였습니다. 구술 내용은 최대한 참여자의 표현을 살리면서 표준어법에 맞게 고쳤습니다.

비블리오드라마 사례

이 장에서는 실제 비블리오드라마 사례를 축어록 형식으로 풀어 기술하였다. 현대드라마치료연구소 주최로 열린 <비블리오드라마 워크숍 지도자 과정>에서 진행된 비블리오드라마이며, 누가복음 8장 40-56절(혈루증 여인과 야이로의 딸)을 본문으로 하였다. 총 12명이 참여했으며 전체 일정은 3일로, 각각 오전 10시부터 오후 5시까지 진행하였다.

	주 제	내 용	진 행	참 고
1일차	나를 만나기, 너를 만나기	비블리오드라마 들어가기 – 인사 및 참여자 소개 – 비블리오드라마 소개	전체	Part1. 비블리오드라마 들어가기 참고
		몸으로 하는 웜밍업	전체	Part2. 웜밍업 참고
		마음을 나누는 웜밍업 – 마음의 온도계 – 물건으로 자기소개하기	3-4명 나눔	Part2. 웜밍업 참고
	말씀이 선명하게 보이네	몸으로 하는 웜밍업	전체	Part2. 웜밍업 참고
		성경본문과 친숙해지기 – 성경 텍스트 몸으로 느끼기	2인 활동	Part2. 비블리오로그 참고
		성경 텍스트 위에 그림그리기	전체	Part2. 비블리오로그 참고
		마음을 나누는 웜밍업 – 내가 원하는 나, 성경말씀과 나	3-4명 나눔	Part2. 웜밍업 참고
2일차	말씀 속을 걸어보기	몸으로 하는 웜밍업	전체	Part2. 웜밍업 참고
		걸으며 묵상하기	2-3명 나눔	Part2. 웜밍업 참고
		단어 놀이 – 동사 단어 찾기, 인물 단어 찾기	전체	Part2. 비블리오로그 참고
	말씀을 이미지로 만들기	사물로 문장 이미지 조각하기	소그룹	Part2. 비블리오로그 참고
		이미지 조각 발표	전체	
		몸으로 장면 조각하기	소그룹	Part2. 비블리오로그 참고
		장면 만들기 발표	전체	
		전체 나누기	전체	
3일차	성경의 이야기, 나의 이야기	성경말씀을 장면으로 만들기	소그룹	Part2. 비블리오로그 참고
		장면으로 성경 읽기	전체	Part2. 비블리오로그 참고
		개인의 문제 드라마로 만들기	전체	
	말씀으로 더 깊이 들어가기	비블리오드라마	전체	
		전체 나누기	전체	

1일차
FIRST DAY

나를 만나기, 너를 만나기

1-1. 비블리오드라마 들어가기

진행자 서로 소개하면서 어떤 기대를 가지고 왔는지 나눠볼까요? 질문이나 부탁이 있으면 뭐든지 이야기하세요.

(참여자들은 각자 자유롭게 자신을 소개하고 프로그램에 참여하게 된 동기나 기대하는 바를 돌아가며 이야기한다)

진행자 먼저 비블리오드라마에 대해 설명하겠습니다. 비블리오드라마란 성경본문을 우리 몸으로 체연해보면서 그 안에서 자신을 발견하고, 하나님의 뜻을 발견하고, 하나님을 만나는 거예요. 또 우리가 가진 신학적 문제나 삶에서 겪는 실존적인 문제들이 성경을 통해 어떻게 풀리는지 경험하는 거예요.

우리는 항상 말씀을 읽고 공부하고 설교를 통해 듣습니다. 머리로만 '아 그렇구나.' 하고 인지적으로 이해하며 살아왔죠. 하지만 성경 속에는 이 시대를 살아가는 우리들과 마찬가지로 역동적인 삶의 이야기가 있습니다. 사랑도 있고 긴장도 있고 배신과 복수도 있어요. 그런데 우리는 긴장감이 다 빠진 채로 성경을 보죠. 결론을 이미 알고 있으니까요. 말씀이 과연 얼마나 우리 삶에 빛을 비추고 활력을 주고 있나요?

돌아온 탕자 비유를 설교 시간에 듣는다고 해봅시다. 교회생활을 오래 한 사람은 그 본문 말씀을 수없이 많이 듣습니다. 그러면 이 사람이 본문을 다시 들을 때 관심이 생길까요? 아니면 교회를 다닌 지 얼마 되지 않은 사람이 더 몰입하며 들을까요? 네. 그렇습니다. 우리에게 말씀이 그 힘을 잃게 되는 이유는 그 말씀의 답을 이미 알고 있기 때문입니다. 본문의 결론을 알고 있기 때문이죠. 영화의 결말을 미리 알고 줄거리를 들으면 흥미를 잃게 되는 것처럼 성경말씀도 흥미로움을 잃게 됩니다. 그러나 성경에 등장하는 모든 인물들은 결론을 알지 못하였습니다. 결론을 모르기에 그들의 기도는 간절하였고, 그들의 만남은 절실하고 역동적이었을 것입니다.

비블리오드라마에서는 이제까지 우리가 들었던 성경의 내용과 지식, 결론을 버리고 성경본문 안으로 들어갑니다. 그들의 숨소리를 듣고 그들의 경험을 내가 체험하면서, 성경본문이 주는 숨 막히는 은혜를 다시 체험하게 됩니다. 그러면 말씀을 새롭게 깨닫게 되고 삶의 상처가 치유되고 신앙의 성장을 경험하게 될 것입니다. 비블리오드라마는 함께 하는 큐티이며, 함께 하는 성경 여행입니다. 그래서 여기 모인 여러분이 서로 도와가며 프로그램을 진행하게 될 것입니다.

성경을 머리로 이해하는 것이 아니라 몸으로 이해하고, 또 몸으로 말씀 속에 깊이 들어가는 것을 비블리오드라마라고 할 수 있어요. 비블리오드라마를 하기 위해 내 몸이 말하는 것이 무엇인지, 몸이 성경을 어떻게 이해하는지 살펴볼 겁니다. 이해가 되시죠? 그럼 지금부터 신체화 훈련을 해보겠습니다.

1-2. 몸으로 하는 워밍업 (Part 2. 워밍업 참고)

1-3. 마음을 나누는 워밍업

진행자 나이대로 서보겠습니다. 왼쪽은 가장 어린 사람, 오른쪽은 가장 나이가 많은 사람이 섭니다. (줄을 서면서 자연스럽게 서로의 나이를 묻고 알게 된다) 자, 오른쪽 왼쪽 서로 인사하세요. 여기(가상의 선)를 기점으로 집이 가깝고 먼 정도대로 서보세요. (줄을 서면서 자연스럽게 얼마나 걸려 프로그램 장소까지 왔는지 확인하게 된다.)

자, 이번에는 교회에 다닌 햇수대로 서봅니다. 어떻게 교회생활을 했는지 옆 사람과 이야기하세요. (그룹 나누기)

평생 마신 술병 갯수대로 서보세요. 3-4명씩 앉아서 이야기하세요. (그룹 나누기)

살면서 부모님한테 맞은 횟수대로 서보세요. 3-4명씩 앉아서 이야기하세요. (그룹 나누기)

진행자를 위한 Tip

비블리오드라마와 위와 같은 질문들이 무슨 상관이 있을까요? 성경공부를 할 때 먼저 사람에 대해 알고 상호작용을 해야 합니다. 이 사람이 어떻게 반응하는지, 무슨 이야기를 하고 싶은지, 무슨 이야기를 할 수 있는지 알아야 해요. 질문은 수없이 많이 만들 수 있습니다. 사람들 간 연결고리가 될 만한 질문을 던지고 상호작용하게 돕는 거죠. 프로그램 대상에 따라 질문을 달리 할 수 있습니다. 아이들이 대상이라면 '시험 볼 때 컨닝을 얼마나 해봤나?' 등 아이들의 관심과 흥미가 있는 질문을 할 수도 있죠. 참여자들은 삶의 이야기를 하면서 편하게 이완됩니다. 새로운 사람을 만나면 인사도 하고 자기 이야기도 하게 됩니다. 한 가지 기본 원칙은 다른 사람의 이야기를 평가하거나 비판하지 않는 거예요. "아, 당신은 그렇게 생각하세요? 나는 이렇게 생각해요." 이렇게 자기 상태만 이야기하는 겁니다.

진행자 이번에는 세 명씩 모이세요. 자유롭게 어떤 물건을 가져오세요. 그리고 그 물건이 되어 자신을 설명해볼 겁니다. 예를 들어, '나는 전화기입니다. 나는 가만히 놔두면 화면이 나가요. 나는 전화번호가 많이 있어요. 지워야 할 사람이 있지만 지우지 못하고 있어요. 가장 많이 쓰는 앱은 OO이에요.' 이런 식으로 설명하는 거예요. 그럼 옆 사람이 물어볼 수 있죠. '액정은 안 깨졌나요? 지워야 할 번호는 많이 있나요?' 그러면 답변하시면 됩니다.

참여자1 질문은 몇 개 하나요?

진행자 하고 싶은 만큼 하면 되는데 서너 개 정도 해보죠. 먼저 한 명이 설명을 하고 두 명이 질문을 합니다. 자, 아무 물건이나 가져오세요.

(그룹별로 모여 물건으로 자기소개를 한다)

진행자 자, 해보니까 어때요?

참여자1 처음에는 몰입이 안됐어요. 그런데 '나'를 주어로 말을 시작하니까 조금 입에 붙더라고요.

참여자2 이 친구는 꼭두각시 인형을 가져왔는데 제가 왜 이렇게 다리가 기냐고 질문했어요. 그런 것도 괜찮나요?

진행자 어떤 질문도 다 괜찮아요. 제가 질문을 해보겠습니다. 이걸 통해 내가 몰랐던 것을 알게 되었다, 손들어주세요. (6명 손을 든다) 자, 이런 현상이 벌어지는 겁니다. 본인이 경험을 해봐야 다른 사람에게 알려줄 수 있어요.

이번에는 몰랐던 감정이 올라오는 것을 느꼈다, 손들어주세요. (2명 손을 든다) 그렇죠. 이런 현상이 일어나죠? 부모든 교회 선생이든 아이들의 상태를 모르고 자기 이야기만 떠들기 쉬워요. 아이들의 마음을 이렇게 알아갈 때 좋은 리더가 되는 것이죠.

진행자를 위한 Tip

비블리오드라마는 성경 밖이 아니라 성경 안에서 이야기를 하는 것입니다. 즉 예수님에 대해 이야기하는 것이 아니라 예수님이 '되어' 이야기하는 겁니다. 그렇다고 직접적으로 내 이야기를 하는 것은 아닙니다. 어디까지가 나의 이야기이고 어디까지가 상상인지 모릅니다. 은유적 표현은 다차원적으로 자신을 설명하게 만듭니다. 체계적 질문보다는 은유적 질문이 폭넓게 이야기하고 자신을 발견하도록 돕는 데 더 효과적입니다. '왜'를 질문하면 논리적으로 접근하게 만들고 자발성을 떨어뜨리죠. '이 말씀의 뜻은 뭐예요?' 등의 질문은 진실한 감정보다는 머릿속으로 한 차례 거르고 정리된 대답만 나오게 합니다. 그러므로 '어떻게 그렇게 됐느냐'를 질문함으로써 자신의 경험을 가시적으로 설명하게 하는 방법이 좋습니다.

주님은 정리된 이야기로 우리와 상호작용을 하셨을까요? 저는 절대 그렇지 않다고 생각합니다. 규정을 지으면 지을수록 비블리오드라마의 생명력은 떨어집니다. 유연성이 떨어지면 경직된 태도를 갖게 되고요. 텍스트를 열린 구조로 볼 필요가 있습니다. 성경에는 은유나 비유로 쓰인 부분도 많이 있습니다. 비블리오드라마는 '1+1=2'이라는 정답을 가르치려고 하는 것이 아닙니다. 정답은 주님께 있는 것이며 우리는 주님께 질문해야 하는 것이죠. 정답을 주는 것이 아니라 자신을 성찰하고 음미하게 만드는 성경공부가 필요합니다.

말씀이 선명하게 보이네

1-4. 몸으로 하는 워밍업 (Part 2. 워밍업 참고)

1-5. 성경본문과 친숙해지기

(두 명씩 짝을 지어 자유롭게 길을 걷는다. 걸으면서 성경본문(눅 8:40-56절)을 읽는다. 한 사람은 읽고 다른 한 사람은 듣는다. 역할을 바꾸어 같은 활동을 진행한다)

진행자 현장에서 읽어보니 말씀이 어떻게 느껴졌나요?

참여자1 저희는 냇가에서 했는데 물소리랑 바람소리 때문에 '예수님의 말씀을 모두가 듣기는 어려웠겠구나' 생각이 들었어요.

참여자2 예수님이 무리에 둘러싸여 있었을 텐데 옷깃이 스치는 것을 어떻게 아셨을까? '예수님은 나를 모르겠지' 생각했었는데 내가 만진 걸 알아주셨잖아요. 아무한테도 말 못하는 아픔을 예수님께서 아시고 '구원 받았으니 가라' 하셨잖아요. 예수님의 그 말 한

마디에 엄청난 위안을 받았겠구나 싶었어요. 그리고 이야기에 집중하려고 노력하면서 걸었는데 완전히 집중은 안됐어요. 눈을 감으니 불안해서.

진행자 그럴 수 있습니다. 듣기도 하고 걷기도 하고 보기도 하고 모든 것들이 함께 어우러져 만들어지는 것입니다.

참여자3 눈을 감고 들으니 주위가 더 시끄럽게 느껴졌어요. 자동차 움직이는 소리며 이런 저런 소음이 크게 들려서 말씀에 집중하는 것이 힘들었고, 날도 추웠어요. 이렇게 추운데 꼭 밖에서 이걸 해야 하나 불평이 나오더라고요. 그런데 본문을 들어보니 이야기 속에는 굉장히 절박한 사연을 가진 사람들이 있잖아요. '저 사람들의 마음은 저렇게 절박한데 나의 마음에는 지금 저만한 절박함이 없구나.' 싶으면서, 전에 산후통 때문에 6년 동안 매일 몸이 아팠던 때가 떠올랐어요. 그때 제가 혈루증 앓는 여인의 마음으로 기도했던 기억이 떠오르면서, 그 순간 제 마음이 그 여인의 마음이 되어서 추위가 별로 안 느껴졌어요. 하나님 앞에 서는 마음이 이거구나, 주위의 상황을 뛰어넘어야 하나님 앞에 갈 수 있구나, 그런 생각을 했습니다.

진행자 지금 여기서 성경을 읽어도 어느 정도 상상해 볼 수 있어요. 그렇지만 성경 이야기가 펼쳐지던 실제 현장에서는 어땠을지 체험하기 위해서 밖에 나가 오감으로 성경읽기를 해본 것입니다. 논리적인 이해가 아니라 현장성이 중요하다는 것이죠. 차가 지나가면 위험을 느끼기

진행자를 위한 Tip

이 작업은 몸으로 집중해서 들어보는 훈련입니다. 구체적인 삶의 현장에 있어 보는 것이 중요합니다. 말씀과 말씀 외에 다른 소리들이 어떻게 어우러져 들리는지 느끼면 이미지가 강화되면서 현장성이 느껴지죠. 프로그램 대상이 아이들이라면 놀이에서 성경으로 바로 들어가는 것이 좋고, 어른이라면 읽고 듣는 활동을 하는 게 효과적입니다. 어른들은 대체로 인지적인 것에 반응을 보이지만 아이들은 몸의 반응을 더 많이 이야기하죠. 그런데 이런 반응을 나누면 지식을 중요시하는 사람들은 "예수님이 살던 당시에는 추위가 없었어.", 이렇게 나옵니다. 그렇게 사실을 이야기할 때 상상력이 깨지는 것이죠. 저는 이것이 교회 교육의 큰 문제라고 생각해요. 상상력이 깨진 아이는 미래에 자신의 삶을 창조적으로 이끌어가는 힘을 잃어버리게 되기 때문입니다.

도 하고, 내가 무리 중 한 사람이 되었다가 여인이 되었다가 예수님이 되기도 해요. 이런 신체적 반응을 이야기하는 것이 중요합니다.

1-6. 성경 텍스트 위에 그림 그리기

진행자 여기 텍스트가 있습니다. 이 말씀 다들 아시죠? 이미 알고 있으니까 무관심해지고, 그냥 흘려보내게 돼요. 비블리오드라마를 하는 목적은 성경말씀에 새롭게 다가가는 것이에요. 그래서 먼저 여러분들이 성경과 좀더 친숙해지는 계기를 만들어보려고 합니다.

이제, 여러분들은 성경말씀이 적힌 이 종이 위에 떠오르는 느낌이나 생각을 크레파스로 마음대로 표현해볼 겁니다. 색을 칠해도 되고, 문양을 그릴 수도 있고 마구 낙서를 할 수도 있어요. 여러 번 해도 됩니다. 마음대로 그려보세요.

(참여자들은 각자 나와서 자신이 느낀 대로 자유롭게 표현해본다)

진행자 다 하셨어요? 이제 이 전체를 조망해 보세요. 말씀과 이미지들을 이 자체로 느껴보세요. 자, 이제 자신이 그린 이미지를 설명해보시겠어요?

참여자1 저는 초를 그렸어요. 아까 밖에 나가서 본문을 읽고 듣는 활동을 할 때 공장 소음이 들렸어요. 그래서 내용이 귀에 잘 안 들어왔는데, '죽어감이러라' 하는 부분을 들을

때, 무슨 말인지는 잘 모르겠지만 누가 죽어간다고 하니 이 이야기는 자세히 들어야겠다, 따뜻한 온기를 주어야겠다, 생각이 들어서 초를 그렸습니다.

참여자2 저는 혈루증 앓는 여인의 손이 생각나서 손을 그렸어요. 그리고 '외딸'이라고 해서 보라색으로 1을 썼어요.

참여자3 '기다렸음이러라'와 '평안히 가라'라는 부분에 색을 칠했어요. 평소 신앙생활을 하면서 '기다렸음이러라', 이 단어가 와 닿았어요. 하나님에 대해 영 자신이 없어하는 느낌이 들었고요. 그럴 때 '평안히 가라'는 말을 듣는다면 내가 얼마나 평안할까 그런 생각이 들었어요.

(참여자들은 자신이 그린 이미지에 대해 돌아가며 이야기한다)

진행자 다했어요? 다 같이 읽어 봅시다. 시작!

진행자 자, 이제 이 본문이 어떻게 보이고 느껴지나요?

참여자4 본문이 살아있는 것 같아요.

참여자5 내 이웃의 이야기처럼 느껴져요.

참여자6 교회에서 똑같은 본문으로 설교를 들었을 때는 항상 똑같은 결론을 들었어요. 그런데 이렇게 보니 각자가 느끼고 깨닫는 게 다 다른데 항상 똑같은 결론만 냈구나 하는 생각이 들었습니다.

진행자 성경을 그렇게 오래 공부했어도 먼 이야기 같았는데 이렇게 해보니 내 이웃의 이야기, 우리의 이야기처럼 들리죠. 우리들의 이야기가 섞이니 성경의 이야기가 더 역동적으로 느껴집니다. 텍스트의 재발견이죠. 지금 모든 얼굴이 성경을 뚫어지게 보고 있어요. 아무리 보라 해도 안 보던 성경을 뚫어져라 보고 있네요.

진행자를 위한 Tip

진행자가 시작에 큰 의미를 두지 않고 편하게 선을 그으면 참여자가 더 편안함을 느낍니다. 이 활동은 성경을 몰라도 할 수 있는 거예요. 그냥 그림을 그리는 거니까요. 논리적인 설명을 하는 게 목적이 아니라 떠오르는 이미지를 말하는 것이죠. '이 본문이 어떻게 느껴지세요?'라는 질문은 곧 '스토리텔링화하니 이 본문이 어떻게 느껴지나요?'라는 질문과 같습니다. 참여자들이 텍스트와 다른 이야기를 하는 것 같아 보여도 그들의 마음속에는 텍스트가 있기 때문에 텍스트와 이야기가 상호작용을 하게 됩니다. 이렇게 우리들의 이야기가 섞여들어가면서 성경의 이야기는 더 역동적으로 다가옵니다. 즉, 텍스트의 재발견이 이뤄지는 것이죠. 교회 오래 다닌 사람이 말을 더 많이 하고 얼마 다니지 않은 사람은 적게 한다면 앞으로 교회에 나올 사람이 얼마나 있을까요? 본문 앞에 모두가 평등하게 서게끔 만드는 작업이 비블리오드라마라는 것을 잊지 마세요.

1-7. 내가 원하는 나, 성경말씀과 나

(공간 중앙에 의자 하나를 놓고 질문한다)

진행자 자, 여기 의자가 있어요. 이제부터 이 의자가 자기 자신이라고 생각하는 거예요. 이해가 되시죠? 누구라고요?

참여자 나요.

진행자 네. 나는 나인데 내가 원하는 나, 내가 원하는 모습이에요. 여러분 모두 자신이 되고 싶은 모습이 있죠?

참여자 네.

진행자 현재 나는, 내가 원하는 모습에 얼마나 근접해 있나요? 그 장소에 가서 서보세요. '나는 다 도달 했어', 생각하면 여기 서시고, '나는 나를 몰라', 그러면 저기 설 수 있고. 이해가 되시죠? 전부 다 일어나서 이 공간 안에서 자리를 잡으세요. 같은 위치에 섰어도 그 자리에 대한 해석과 인지는 사람마다 다를 수 있어요.

(참여자들 각자 자리를 잡는다)

진행자 (한 참여자에게) 여기는 어디에요?

참여자1 (공간 중앙에 쪼그려 앉아)저는 제가 진짜 원하는 저에 대해서 아직 모르겠어요.

진행자 아, '나에 대해서 모르겠어요'를 이렇게 앉아서 표현하고 있군요. 외형상으로 볼 때는 '나하고 가까이 있네.' 라고 생각할 수 있지만, 이 사람은 '나에 대해서 모르겠어요.'를 지금 이렇게 표현하고 있을 수 있는 거죠. 이것이 이 사람의 표현 방식인 거예요. 이해가 되시죠? (다른 참여자에게) 여기는?

참여자2 저요? 저는 제가 되고 싶은 저하고 이렇게... (두 손을 가까이 모은다)

진행자 많이 가까워졌어요?

참여자2 아니요. 그건 아니에요. 제가 원하는 제 모습을 알 것 같으면서도 잘 모르겠고, 그렇게 되고 싶으면서도 두려움이 있어서 옆으로 흘끔 보고 있는 거예요.

진행자 흘끔 보면서 살아가고 있어요. 그렇죠? 네. 저기도 한번 물어볼까요? 거기는?

참여자3 제가 원하는 저랑 실제 제 모습이 엄청 멀리 떨어져 있고, 원하는 내 모습이 되고 싶어도 장애물이 많이 보이고 그렇게 되지 못해서 너무 좌절감을 느껴요.

진행자 언제부터 여기 있었어요?

참여자3 초등학교 2학년 때부터….

진행자 초등학교 2학년 때부터 저기 있었어요. (다른 참여자에게)여기는 언제부터 이랬어요?

참여자4 저는 대학교 와서부터….

진행자 대학교 와서부터. 사람마다 다 다르죠? 자, 이제 옆에 있는 사람들과 서너 명씩 뭉쳐서 이야기 하세요.

(3-4명씩 모여 이야기한다)

진행자 여기 성경이 있습니다. 당신은 성경과 얼마나 가깝게 느끼나요? 앞서 했던 것처럼 지금 나의 상태에 맞는 위치에 섭니다. 그리고 성경과 가깝다는 것이 무슨 뜻일지 3-4명씩 모여서 이야기하세요.

진행자를 위한 Tip

성경을 볼 줄 아는 것 못지않게 중요한 것이 사람을 볼 줄 알고 이야기를 듣는 능력입니다. 그래서 비블리오드라마에서는 참여자들이 서로의 주관적 표현에 수용적인 태도를 갖도록 독려해야 합니다. 우리는 살면서 느낌보다는 생각을 더 많이 이야기합니다. 그러다보면 실제 느꼈던 그 당시의 감정을 간과합니다. 대다수의 경우 자신의 느낌을 잡아본 적이 없죠. 하지만 순간순간 멈춰서 자신의 느낌을 이야기하고 그 느낌에서 연상되는 생각을 이야기 하다보면 삶과 신앙에 대해서도 이야기할 수 있게 됩니다. 이러한 과정을 통해 누군가에게 '당신은 신앙을 이렇게 가져야 돼요' 하고 방향을 강요하는 것이 아니라 자기 자신에게 솔직해지는 순간을 가지도록 해야 합니다. 그런데 이렇게 이야기를 전개하다보면 다른 사람이나 진행자의 이야기가 남에게 영향을 미칠 수 있습니다. 하지만 이 작업은 그런 것까지 수용해내는 과정입니다. 우리가 진정한 자기 자신을 찾고, 하나님과 나의 관계를 찾고, 성경말씀이 내게 전인격적으로 침투할 수 있도록 돕는 것이 이 작업의 목표입니다.

2일차
SECOND DAY

말씀 속을 걸어보기

2-1. 몸으로 하는 워밍업 (Part 2. 워밍업 참고)

2-2. 걸으며 묵상하기

진행자 여러분들은 천천히 걸으면서 무슨 생각을 하나요? 이곳을 천천히 걸어볼까요? 천천히 걸으면서 어떤 기분이 드는지 느껴보세요. 과거의 어떤 때 이렇게 걸었는지, 언제 이렇게 걸었는지 떠올려보세요. 이 걸음걸이, 이 동작에 숨은 기억이 나면 그 자리에 멈춥니다. 옆에 있는 세 사람씩 나눠보세요.

다시 천천히 걸어봅니다. 이제 예수님이 되어 걸어보세요. 예수님이라면 어떤 마음, 어떤 기분이 들지 걸으면서 느껴보세요. 예수님으로서 누군가를 찾아간다면 누구를 찾아가보고 싶은지 떠올려 봅니다. 그 사람이 떠오르면 멈춰서 눈을 감습니다. 눈을 감은 채 손을 내밀어 문을 연 후 그 사람이 앞에 있다 생각하고 그 사람의 이름을 부르며 주님으로서 해주고 싶은 말을 합니다.

그 사람에게 위로와 축복의 말을 충분히 해주고 작별인사를 한 후 다시 걷습니다. 자기 자신으로 돌아와 예수님으로서 그 사람을 만났던 그 감정을 느끼며 옆에 있는 사람들과 나눠보세요.

2-3. 단어 놀이

진행자 다 같이 성경말씀을 읽겠습니다. 시작!

(다 함께 성경말씀을 읽는다)

진행자 자, 여기서 동사를 찾아보세요.

참여자들 기다리다, 환영하다, 오다, 간구하다, 죽어가다, 엎드리다, 밀려들다, 가다, 오다, 손을 대다, 그치다, 이르시다, 밀다.

(동사를 종이에 써서 바닥에 대각선으로 나열한다)

진행자 자, 일어나서 대각선으로 서주세요. 여기 늘어놓은 동사들 중에 끌리는 단어에 가서 서시면 됩니다.

(전체 이동하여 단어가 적힌 종이 앞에 선다)

진행자 뒤집어주세요. 그다음 몸으로 그 단어를 표현해주세요. 그렇게 하고 가만히 서있으세요.

자, 이제 그만. 자세를 풉니다. 다시 몸으로 단어를 표현해봅니다.

눈을 감고 이게 나에게 무슨 의미인지 느껴보세요. 나는 최근에 이 동작을 언제 취했는지 생각해보세요. 이 동작은 내가 어떨 때 하는지, 이 동작을 취해보니 어떤 이미지가 떠오르는지 생각해보세요. 자, 여기까지. 자세를 풀고 눈을 뜨세요.

제자리에 앉으세요. 한 그룹씩 나와서 동사를 몸으로 표현하면 앉아있는 사람들이 어떤 단어인지 알아맞혀 봅시다. 이게 무슨 동작 같나요?

참여자들 훔쳐보다, 월담하다, 애교부리다, 끼부리다, 야유하다, 꽥꽥거리다, 유혹하다, 공격하다.

진행자 뭐가 맞나요? 이제 어떤 단어인지 설명해주세요.

참여자6 '대답하다'입니다.

진행자 이게 왜 대답이죠?

참여자2 말을 많이 하고 싶어서, 입이 3개예요.

진행자 해보니까 어때요?

참여자1 말하는 거랑 대답하는 거랑 다른 것 같아요. 대화는 좋아하는데 누가 질문을 막 해대면 당황스럽거든요. 대답을 잘하고 싶어요.

진행자 오케이, 다음 그룹 나오세요.

(동일한 방법으로 모든 그룹이 돌아가면서 해본다)

진행자 해보니까 어떠세요? 사람들은 나름대로 행동할 뿐인데 받아들이는 우리는 오해하기도 하고 화가 나기도 해요. 어떤 사람은 '기다리다'를 이렇게 표현하고, 또 어떤 사람은 다르게 표현을 하죠. 이것이 성경을 이해하는 데 중요하고 사람을 이해하는 데도 중요합니다.

참여자3 끌려서 단어에 설 때와 조각 만들 때, 눈 감았을 때가 다 달라요.

참여자4 동작이 저에게 깨달음을 주네요.

진행자 그래요. 이 작업을 하면서 발견한 것을 이야기해줄 수 있나요?

참여자7 저는 '밀려들다'라는 단어를 표현했어요. 밀려드는 상상을 했더니 한쪽 다리가 힘들더라고요. 버티기 힘든 느낌이었어요.

진행자 그게 삶의 어떤 부분과 관련이 있을까요?

참여자7 요즘 일이 너무 많아서, 일이 밀려들어와서, 힘들게 느껴져요.

진행자 그래요. 이렇게 자기에 반추해 이야기하는 거예요. 이게 바로 동사 단어찾기예요. 누구든지 할 수 있겠죠?

진행자 본문에 등장하는 인물을 모두 말해봅시다. 누가 등장하나요?

참여자들 제자, 의사, 무리, 예수, 딸, 회당장, 선생, 여자, 사람들.

진행자 이제 의자 위에 단어를 하나씩 올려놓으세요.

(참여자 중 한 명이 자원하여 의자 위에 단어를 놓는다)

진행자 그리고 배치를 해보세요. 성경의 내용과 상관없이 배치시켜서 스토리를 만들어 보세요.

진행자 이야기해 보세요.

참여자1 나는 늘 예수님을 알고 싶고 따르고 싶지만 자녀들이, 소중한 가족이 내 뒤에 있어요. 나는 예수님의 말씀을 좇기 위해서 무리를 대하지만 내 마음 안에 깊이 들어가 보면 큰 비중은 없어요. 예수님의 말씀을 따르기 위한 의무감이 더 많죠. 중요한 것은 예수님이라 생각하지만, 따지고 보면 전문가가 되고 싶은 나의 욕구 등이 예수님보다 앞서가는 것을 느낄 때가 많습니다.

참여자2 모든 사람이 함께 예수를 바라보는데 나만 혼자 있어요. 어느 교회를 가든 뭔가 바꿔보려 노력하는데 이 사람들은 이미 이 사람들만의 신앙 공동체가 있잖아요. 그걸 깰 수도 없고 들어갈 수도 없고. 그냥 내가 그 자리에서 나오는 게 낫겠다.

진행자 해보니까 '나' 라는 것을 빼야겠어요. 자연스럽게 내 이야기가 나오면 좋은데 '나'가 들어가니 너무 직접적인 자기 이야기가 돼버려요. 오케이, 다음- 이렇게 조각을 보니까 어때요?

참여자2 외로워요.

진행자 설명해보세요.

참여자2 제 관점에서 바라보면 예수님은 항상 정의에 가득 차 있어서, 저 회당장이나 무리처럼 경우의 수가 많은 사람보다 경우의 수가 없는 사람을 만나셔서 기적을 이루시는 것을 항상 봐요. 근데 그것을 보는 게 방관하는 것 같아요.

진행자 내 사진이?

참여자1 응원하는 것 같지만...

진행자 감사합니다. 무슨 말인지 아시겠죠? 저 문제를 치료하는 것은 상담으로 이어질 수도 있어요. 하지만 우리는 비블리오드라마를 하고 있기 때문에 너무 많은 곳에 머무르면 헤집는 것이 되어버려요. 그러면 성경공부가 안 돼요.

(동일한 방법으로 돌아가면서 다 해본다)

진행자 감사합니다. 전체 나누기를 해봅시다.

진행자를 위한 Tip

비블리오드라마는 성경에 다가가려는 것이지 집단상담을 목적으로 하는 것이 아닙니다. 그래서 자신의 상처를 볼 수 있는 정도까지만 끌고 가는 것이 좋습니다.
단어를 '안다'는 것과 그것이 나에게 어떤 이미지인가는 별개의 문제입니다. 표현되는 단어는 표현을 하는 그 사람이 가진 이미지일 뿐 보는 사람에 따라 다 다른 것이죠. 그러므로 단어를 한 가지 뜻으로 해석하는 태도는 버려야 합니다. 단어 놀이는 본문의 단어에 자신의 경험과 느낌을 투사해서 읽는 전 단계가 될 수 있습니다. 본래의 텍스트를 내려놓지 못하면 단어 자체를 음미하지 못하게 됩니다. 하지만 단어에만 집중하면 텍스트의 본래 의미로부터 멀어져 아예 별개의 해석이 나오게 됩니다.
나와 다른 이름을 가지고 있고 성경 속 인물일지라도, 마음이 끌려 선택했다면 자신의 일부분을 드러내는 것일 수 있습니다. 또 자신이 선택한 성경 인물의 입장이 되어 의자를 배치하면서 좀 더 그 인물을 이해할 수 있을 뿐 아니라 다른 참여자들이 표현한 인물의 입장도 이해할 수 있게 되어, 성경 인물을 입체적으로 볼 수 있게 됩니다.

말씀을 이미지로 만들기

2-4. 사물로 문장 이미지 조각하기

(본문을 적은 전지를 4등분하여 자른 후 벽에 붙여둔다)

진행자 4등분 하니 네 개 각각의 스토리가 되었죠? 이제 각자 끌리는 장면으로 가서 서보세요.

진행자 이제 여기 있는 사물이나 천으로 각자 선택한 말씀을 자유롭게 표현해보세요. 설치 예술을 해보는 거예요.

(각자 선택한 말씀으로 이미지를 표현한다)

진행자 이제 잠시 전체를 조망해봅시다. 잘 느껴봤지요?

지금부터는 한두 사람씩 나와서 완성한 작품을 보여주고, 나머지 사람들은 이 사람들이 어떤 문장을 표현한 건지 맞혀보셨습니다. '저게 뭘까?' 하면서 감상해보세요. 텍스트를 보지 말고 생각해보는 거예요. 자, 어떻게 보이세요?

참여자1 흰색 휴지를 펼쳐놓으니 파티에 온 것 같아요.

참여자2 휴지가 길처럼 보여요.

참여자3 휴지 끝에 있는 건 뭘까?

진행자 마음대로 이야기해보세요.

참여자4 옆에서 하는 걸 지켜봤는데 수행을 하는 느낌이었어요.

참여자5 보자기들이 군중처럼 느껴져요

참여자6 겨울인 것 같아요

참여자7 죽음을 표현한 걸까?

참여자8 저기에 중요 인물인 야이로와 예수님이 나와야 할 것 같은데 어디에 있을까?

진행자 자, 이제 만든 사람이 설명해주세요.

참여자9 각자 생각나는 대로 표현을 해봤어요. 붉은 바닥의 천은 환영하는 카펫이에요.

참여자10 저는 '기다렸음이러라'를 표현하고 싶었어요. 기다림은 시간의 표현인데 그걸 휴지로 표현해봤습니다. 휴지를 찢은 건 기다림의 시간에도 흩어진 시간이 있다는 생각이 들었기 때문이에요. 멈춰버린 시간도 있고, 기다렸다가 빠져나간 사람들도 있고. 그래서

그 시간을 표현해보았는데 왠지 기다릴 때 조바심내는 심정으로 휴지를 뜯게 되더라고요. 그리고 헌화할 때 꽃을 뿌리는 것처럼, 많은 기다리는 사람들, 무엇을 기다리는지는 모르지만 그 기다림을 위로하는 마음으로 찢은 휴지를 뿌렸어요.

참여자11 저는 무리에 초점을 맞췄어요. 각양각색의 사람들이 있잖아요. 그 당시에도 그렇게 다양한 사람들이 있지 않았나 하는 생각이 들었어요.

참여자12 예수님이 오시는 걸 바라보는 마음이 다 다르고 또 그 마음을 표현하는 방법도 다를 거라고 생각했어요. 국기를 흔들거나 손을 흔들거나. 예수님께서 예루살렘에 입성할 때는 종려나무를 흔들었던 것처럼요. 야이로가 아무리 회당장이고 특별한 사람이라지만 무리에서는 그저 예수님을 기다리는 무리 중 한 사람이라고 생각하거든요. 길 한가운데 서서 '나는 회당장이니까, 높은 사람이니까 내가 먼저 예수님을 만나야 한다.' 한 것이 아니라 함께 군중 속에 있다가 나와서 '나 이런 사람인데, 내 아이가 이렇게 아픕니다.' 그렇게 직접 말하는 그 간절함. 그의 기다림을 표현해봤어요.

진행자 자, 말씀을 이렇게 한번 표현해 봤어요. 소감을 나눠봅시다. 느낀 것, 자기 발견을 하게 된 것, 뭐든지 얘기해도 좋아요.

진행자를 위한 Tip

비블리오로그는 드라마 기법보다는 미술, 음악, 스토리텔링 등의 기법을 활용하는 활동입니다. 자유롭게 생각과 느낌을 표현하게 함으로써 비블리오드라마를 하기 위해 사전 작업을 하는 것이라 할 수 있습니다.
다른 그룹원들의 해석에 조각가가 어떤 표정을 짓는지 살펴봐야 합니다. 조각은 무언가를 연상시키는 이미지입니다. 다른 참여자들의 말에 따라 조각가가 부여한 의미도 조금씩 변하며 이러한 상호작용의 결과로 의미가 재생성되기도 합니다. 이때 진행자는 참여자들이 말한 바를 형상화시켜 돌려주는 역할을 합니다. 보편적, 인문학적, 예술적 언어로 전환하는 것이 좋습니다. 비블리오드라마는 새로운 의미를 생성해 낯설게 보게 하는 것입니다. 그럴 때 어떤 방향으로든 의미 지평의 확대가 일어납니다. 그러므로 의외성이 활동을 더 즐겁게 만들 수 있습니다.
참여자들에게 충분히 이야기할 수 있는 기회를 주면 참여자들은 무슨 말을 해도 괜찮다는 자신감을 가지게 됩니다. 진행자는 참여자들이 무엇을 느끼고 있는지 호기심을 갖고 진행해야 하며, 교훈이나 의미를 전달하기보다 놀이로써 자유롭게 즐기도록 하는 것이 중요합니다.

2-5. 몸으로 장면 조각하기

진행자 해보니까 어때요? 성경으로 쏙쏙 들어가죠?

참여자1 숨은 창의성이 나오는 것 같아요.

진행자 그래요. 앞에서 사물을 사용해서 말씀을 이미지로 표현해봤죠? 이번에는 스톱 모션으로 만들어볼 거예요. 정지 동작을 보고 알아맞히는 겁니다.

(그룹별로 어떻게 만들 것인지 상의한다)

진행자 첫 번째 그룹 준비해주세요. 자, 이게 어떻게 보여요?

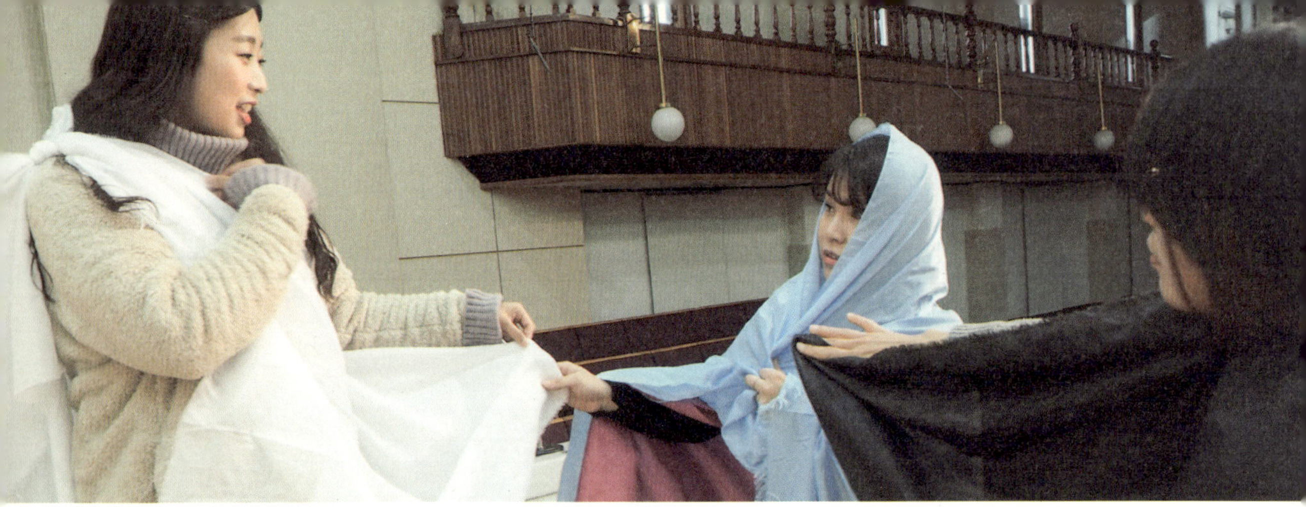

참여자1 생각보다 천을 살짝 잡았는데요?

참여자2 살짝 잡은 여자에게서 두려움이 느껴져요. '이걸 잡아도 될까?' 하는.

참여자3 예수님이 잡기를 기다리고 있는 것 같아요.

참여자4 여자는 예수님이 아니라 예수님의 옷자락만 보였을까?

참여자5 저 같으면 두 손으로 확 잡지 않았을까 하는 생각이 들어요.

진행자 이제 작가의 의도를 들어보겠습니다. 예수님, 한 말씀 해주시죠.

예수님 참여자6 베드로가 '무리가 밀리나이다' 그랬잖아요? 그래서 많은 무리에 둘러싸여 있었는데 무언가 영적인 힘이 빠져나가는 느낌이 들어서 누구인가 싶어 뒤를 돌아보고 있어요.

혈루증녀 참여자7 이 당시에 병자는 죄인 취급을 당했잖아요. 그래서 혈루증 앓는 여인이 옷깃만 살짝 만지고 사람들을 피해 도망가야 하는 상황을 표현했어요.

(그룹별로 돌아가면서 감상한다. 이때 특정 인물과 인터뷰를 진행할 수도 있다. 혈루증 앓는 여인을 장면 밖으로 빼 인터뷰를 진행한다)

진행자 예수님이 서 있고 혈루증 앓는 여인이 뒤에서 예수님의 옷자락을 잡는 장면이네요.

뒤에서 예수님을 이렇게 오랫동안 봐 왔잖아요. 얼마나 봤어요?

혈루증녀 참여자7 한 30일은 쫓아다닌 것 같아요.

진행자 그래서 어때요?

혈루증녀 참여자7 가까이 가서 저 분을 만나기만 하면 제 병이 나을 것 같아요.

진행자 그랬구나. 그런데 왜 30일 동안 만나지 못하고 잡지를 못했어?

혈루증녀 참여자7 가면 혼날 것 같았어요.

진행자 혼날 것 같았어요? 하긴 베드로나 제자들이 혼냈기는 했겠다. 말을 해봐요, 직접. 나는 가까이 가면 혼날 것 같았어요- 시작!

혈루증녀 참여자7 나는 가까이 가면 혼날 것 같았어요.

진행자 또 하고 싶은 이야기 해보세요.

혈루증녀 참여자7 정말 이 병에서 낫고 싶어요. 이렇게 사는 건 정말 인간의 삶이 아니에요.

진행자 그렇지. 그런데 혼날까봐 못 갔구만. 혈루증 앓는 여인의 손짓이 이해되죠? 손이 많은 이야기를 하고 있어요. 여러분은 이 손이 어떻게 보여요?

참여자1 초조하게 보여요.

진행자 그렇지. 내가 만져도 될까? 가도 될까? 이런 생각을 하고 있는 거예요. 더 말해볼까요? 저 손은 뭘 말하고 있는 것 같아요?

참여자2 간절한 것 같아요.

참여자3 기다림.

진행자 이런 걸 진행자가 물어볼 수 있어요. 이렇게 살짝 다뤄주니 어떤 느낌이 들어요?

참여자4 좀 더 몰입이 되고 추상적인 것들이 구체화되는 것 같아요.

진행자 저 여자가 어떻게 느껴져요?

참여자5 안쓰럽게 느껴져요

진행자 오케이, 감사합니다. 여기까지가 성경과 대화하는 비블리오로그입니다. 전체 나누기를 해봅시다.

진행자를 위한 Tip

시간은 쉬지 않고 흘러가기 때문에 인생을 뒤돌아보아도 큰 단락으로 기억할 뿐이지 그 시점에 어떤 일이 벌어졌는지 정확히 기억하지 못합니다. 그런데 그 시간을 멈추고 멈춘 시간 속에 있는 사람들과 사물을 구체적으로 본다면 그냥 지나쳐버린 것과 다르게 보지 못한 것도 보게 될 것입니다. 예술가는 이를 자신의 작품에서 보여줍니다. 하나의 장면을 다른 카메라 각도로 보여주거나 하나의 사건을 다양한 사람의 관점으로 보여주는 방식으로 말입니다. 비블리오드라마에서도 시간을 멈추는 기법을 사용합니다. '스톱모션(조각하기)' 기법입니다. 성경 이야기 속 한 부분을 정지 화면처럼 멈추어서 참여자들이 성경의 내용을 입체적으로 볼 수 있게 만듭니다. 성경의 내용을 입체적으로 보게 만들면 행간에 숨겨진 사건과 이야기가 떠오르게 됩니다. 그래서 성경의 내용이 풍성해지는 경험을 하게 합니다. 실화 드라마나 영화를 봤을 때처럼 궁극적으로 실제 이야기에 관심과 궁금증을 불러일으키게 됩니다.

3일차
THIRD DAY

성경의 이야기, 나의 이야기

3-1. 성경말씀을 장면으로 만들기 (Part 2. 비블리오로그 참고)

3-2. 장면으로 성경 읽기

진행자 다 모이세요. 그룹별로 다 만들었죠? 이제부터 한 사람이 성경을 읽을 거예요. 자기 그룹가 만든 구절이 나오면 '스톱!'을 외치세요. 그리고 이 타임라인을 넘어가서 그 장면을 보여주는 거예요. 아시겠죠?

낭독자 예수께서 돌아오시매 무리가 환영하니 이는 다 기다렸음이러라 이에 회당장인 야이로라 하는 사람이 와서 예수의 발 아래 엎드려 자기 집에 오시기를 간구하니 이는 자기에게 열두살 먹은 외딸이 있어 죽어감이러라 예수께서 가실 때에 무리가 옹위하더라 이에 열 두 해를 혈루증으로 앓는 중에 아무에게도 고침을 받지 못하던 여자가 예수의 뒤로 와서 그 옷가에 손을 대니 혈루증이 즉시 그쳤더라 (눅 8:40-44)

그룹 1 스톱!!!

진행자 하나, 둘, 셋 하면 다 같이 큰 동작으로 타임라인을 넘어갑니다. 하나 둘 셋, 읏차!

혈루증녀 이 지긋지긋한 혈루증! 죽음보다도 더 괴로운 이 혈루증! 누군가가 이 혈루증 좀 고쳐주세요!

혈루증 난 널 더 원해!

혈루증녀 난 네가 정말 지긋지긋해!! 발로 밟아서 없앨 수만 있다면! 아, 예수님 옷자락만 잡을 수 있다면, 난 나을 수 있을까?

혈루증 말도 안 돼!

(여인이 예수님의 옷자락을 잡자 혈루증이 떨어져 나간다)

예수님 혈루증아.

혈루증 난 그냥 친구를 원했을 뿐인데... 누구도 날 원하지 않아. 예수님도 내가 싫죠?

예수님 왜 그렇게 생각하니? 혈루증아, (입고 있던 하얀 천을 풀어서 혈루증에게 덮어주며) 내가 너를 사랑한 것처럼 너도 그 여인을 사랑하자.

혈루증 지의 이름은 뭔가요?

예수님 너의 이름은 이제 백혈구란다!

낭독자 예수께서 이르시되 내게 손을 댄 자가 누구냐 하시니 다 아니라 할 때 베드로가 이르되 주여 무리가 밀려들어 미나이다 예수께서 이르시되 내게 손을 댄 자가 있도다 이는 내게서 능력이 나간 줄 앎이로다 하시니라 여자가 스스로 숨기지 못할 줄 알고 나아와 엎드리며 그 손댄 이유와 곧 나은 것을 모든 사람 앞에서 말하니 예수께서 이르시되 딸아 네 믿음이 너를 구원하였으니 평안히 가라 하시더라

그룹 2 스톱!!!

예수님 아이고, 오늘 사람이 진짜 많다.

제자 그러니까요. 예수님 보려고 사람들이 너무 많이 왔네요. (인파에 밀려 예수님 휘청거린다) 아유, 정말! 예수님! 술 취했어요? 예수님, 정신 차리셔야죠!

예수님 (멈칫)

베드로 예수님 왜 그러세요?

예수님 누가 내 몸에 손을 댔다.

베드로 아이– 한두 번도 아니잖아요. 저도 지금 만지고 있고...

예수님 이 터치와 이 터치는 다른데....

베드로 (예수님의 온몸을 손으로 훑으며) 아니, 이 터치와 이 터치가 뭐가 다른데요?

예수님	너, 나하고 그렇게 오래 같이 있었는데 내가 실없는 소리 하는 거 봤니?
베드로	그렇긴 한데... 이상하네...
예수님	찾아봐봐, 찾아봐! 누가 내 옷에 손을 댔는데...
혈루증녀	예수님, 접니다. 제가 예수님의 옷자락을 잡았습니다.
베드로	아니, 병 걸린 여자가 예수님을 만진 거야?
예수님	아니, 그런데 나는 정말 놀랍다. 이렇게 많은 사람들이 나를 기다렸지만 능력이 안 드러났는데 이 여인에게는 내 능력이 빠져 나갔구나. 너는 어디 사는 누구인고. 처음부터 자세히 내게 이야기 해줄 수 있겠니?

혈루증녀 예수님, 저는 12년 동안 혈루증을 앓아왔습니다. 가진 것을 다 탕진하고 마지막으로 예수님의 옷자락을 만지면 나을 것 같아서 나왔습니다. 예수님의 옷자락을 만지는 순간 고침을 받았습니다.

예수님 너는 정말 다른 사람들과 다르구나, 네가 이렇게 떨고 있을 게 아니다. 네 믿음이 정말 크다. 떨지 말고, 네 믿음대로 병이 나았으니 잘 살아라.

혈루증녀 네, 감사합니다. 예수님. 할렐루야!

(동일한 방법으로 나머지 성경본문도 각자 맡은 그룹에서 나와 발표한다)

진행자 이걸 하면서 나의 무엇과 만나는지 나눠보세요.

3-3. 개인의 문제 드라마로 만들기

진행자 나누다보면 나의 삶의 어떤 부분과 맞닥뜨리는 문제가 나올 수 있어요. 그리고 그 문제를 어떻게 다뤄줘야 하는지 고민하게 됩니다. 말로만 기도해주겠다 하는 게 아니라 그 문제를 어떻게 도와줄지 생각해보는 거예요. 저처럼 전문가는 드라마치료까지 해볼 수도 있지만 보통 교회에서는 그렇게까지 할 필요는 없어요.

이제부터 그룹별로 나누기를 하고 한 명의 문제를 하나 잡아 그 문제를 어떻게 도와줄 것인지 토론하고 상징적인 드라마를 만들어보겠습니다.

(그룹으로 나누고 극으로 만들어 발표)

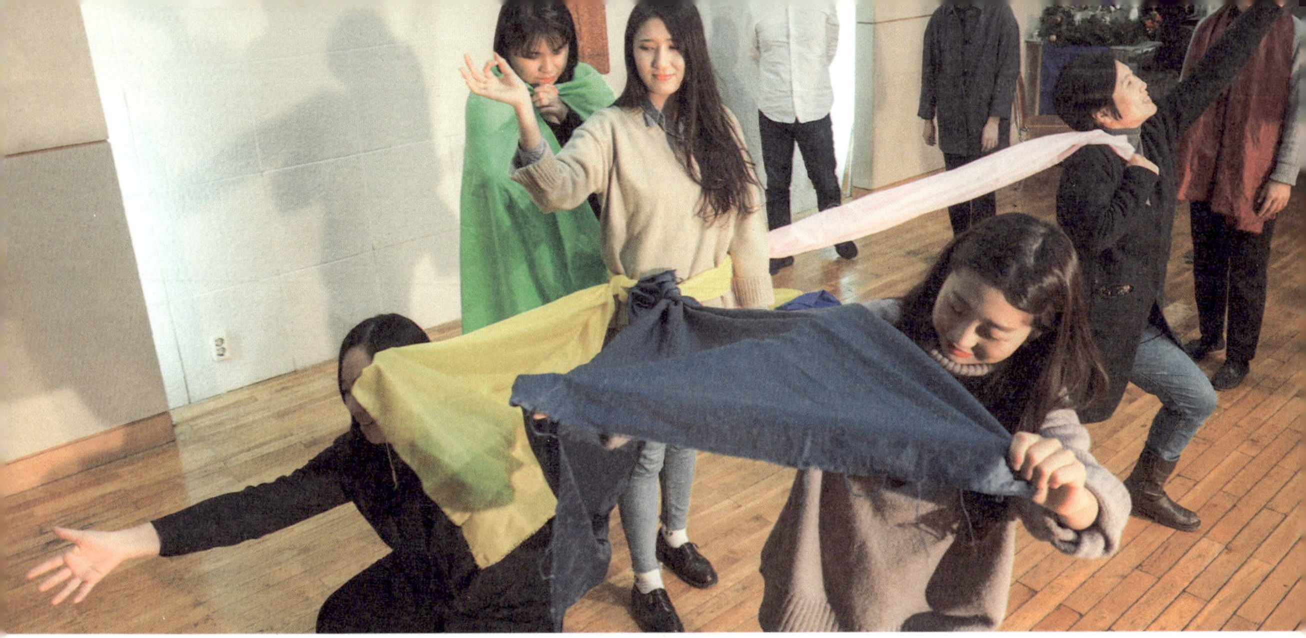

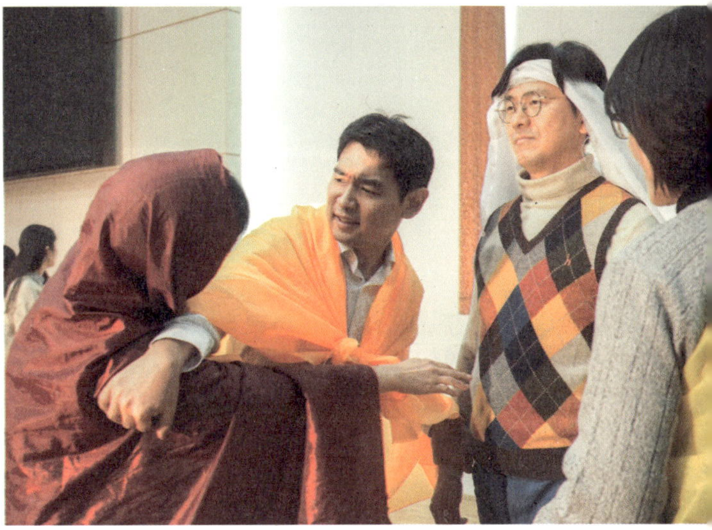

말씀으로 더 깊이 들어가기

3-4. 비블리오드라마

(장면으로 성경 읽기에서 참여자들이 가장 재미있어 하거나 더 깊이 보고 싶어 하는 성경의 장면을 골라 드라마로 진행해본다)

선택된 본문

■ **눅 8:45~48** 45 예수께서 이르시되 내게 손을 댄 자가 누구냐 하시니다 아니라 할 때 베드로가 이르되 주여 무리가 밀려들어 미나이다 46 예수께서 이르시되 내게 손을 댄 자가 있도다 이는 내게서 능력이 나간 줄 앎이로다 하시니라 47 여자가 스스로 숨기지 못할 줄 알고 나아와 엎드리며 그 손댄 이유와 곧 나은 것을 모든 사람 앞에서 말하니 48 예수께서 이르시되 딸아 네 믿음이 너를 구원하였으니 평안히 가라 하시더라

(이 장면을 맡은 그룹이 나와 다시 해본다)

(베드로와 예수님의 능력은 예수님의 양 옆에 붙어 있고 혈루증 앓는 여인은 무릎을 꿇고 예수님께 다가간다)

예수님 아이고, 오늘 사람이 진짜 많다.

베드로 그러니까요. 예수님 보려고 사람들이 너무 많이 왔네요. (인파에 밀려 예수님 휘청거린다) 아유, 정말! 예수님! 술 취했어요? 예수님, 정신 차리셔야죠!

예수님 (멈칫)

베드로 예수님 왜 그러세요?

예수님 누가 내 몸에 손을 댔다.

베드로 아이– 한두 번도 아니잖아요. 저도 지금 만지고 있고...

예수님 이 터치와 이 터치는 다른데....

베드로 (예수님의 온몸을 손으로 훑으며) 아니, 이 터치와 이 터치가 뭐가 다른데요?

예수님 너, 나하고 그렇게 오래 같이 있었는데 내가 실없는 소리 하는 거 봤니?

베드로 그렇긴 한데... 이상하네...

예수님 찾아봐봐, 찾아봐! 누가 내 옷에 손을 댔는데...

혈루증녀 예수님, 접니다. 제가 예수님의 옷자락을 잡았습니다.

베드로 아니, 병 걸린 여사가 지금 예수님을 만진 거야?

예수님 아니, 그런데 나는 정말 놀랍다. 이렇게 많은 사람들이 나를 기다렸지만 능력이 안 드러났는데 이 여인에게는 내 능력이 빠져나갔구나.너는 어디 사는 누구인고, 자세히 내게 이야기 해줄 수 있겠니?

혈루증녀 예수님, 저는 12년 동안 혈루증을 앓아왔습니다. 가진 것을 다 탕진하고 마지막으로 예수님의 옷자락을 만지면 나을 것 같아서 나왔습니다. 예수님의 옷자락을 만지는 순간 고침을 받았습니다.

예수님 너는 정말 다른 사람들과 다르구나, 이렇게 떨고 있을게 아니다. 네 믿음이 정말 크다. 떨지 말고, 네 믿음대로 병이 나았으니 잘 살아라.

혈루증녀 네, 감사합니다. 예수님. 할렐루야!

[예수님과 능력과의 만남]

진행자 자, 각자 역할에서 한 마디씩 해보세요.

예수님의 능력 나는 능력입니다. 예수님에게 속한 능력입니다.

진행자 당신이 하는 일이 뭡니까?

예수님의 능력 예수님이 능력이 잘 발휘하도록 돕습니다.

진행자 예수님이 하자는 걸 거부할 때도 있어요?

예수님의 능력 아니요.

진행자 예수님이 저리로 가라 하면 저리로 가고, 이리로 오라 하면 이리로 오고. 무조건 순종하나요?

예수님의 능력 네.

예수님 나는 예수입니다. 난 할 일이 많고요, 사람들이 쫒아다녀서 부담스럽고 마음이 무겁네요.

진행자 자, 능력. 예수님에게 붙으세요. 자, 예수님. 이렇게 능력이 많으니까 어때요?

예수님 능력이 많지만 능력이 갈 곳이 많지 않아서 마음이 아픕니다.

진행자 야, 능력! 네가 할 수 있는 일이 많이 없단다, 네 주인이.

예수님의 능력 많으실 텐데...

예수님 내가 일방적으로 하는 것이 아니야, 물과 시멘트 가루가 만났을 때 둘이 섞여서 콘크리트가 되는 것처럼 나한테 능력 많은 걸 알지만 능력이 섞일 만할 가루가 많이 없다는 거야. 내가 너한테 '가라!' 할 수도 있어. 그러나 내 일이 그게 다가 아니라는 거야.

진행자 능력! 어때? 너를 잘 사용하지 못하고 있단다.

예수님 네가 있어서 좋아. 좋은데, 내 능력을 사용할 만한 그런 사람을 찾으면 좋겠어.

진행자 능력! 어때? 이 말이?

예수님의 능력 그러게요. 주고는 싶으나 사람들이 받을 준비가 안 됐다는 거죠?

진행자 (능력에게) 예수님께서 보내면 너는 가고 싶어?

예수님의 능력 저는 무조건 시키는 대로 할 거예요.

진행자를 위한 Tip

예수님의 능력이라는 비가시적 에너지를 의인화한 것은 드라마적 요소로 활용하기 위함입니다. 예수님의 고난 혹은 피곤함을 부각시키려는 진행자의 의도가 담긴 극적 개입입니다.

[베드로와 혈루증 앓는 여인의 만남]

베드로 나는 베드로예요. 나는 예수님 곁에서 예수님의 말씀을 따르는데, 오늘은 사람들이 많이 밀쳐서 힘들어요. 질서를 지켜줬으면 좋겠어요.

진행자 저 능력은 어때 보여요?

베드로 탐나네요. 갖고 싶어요.

진행자 예수님 뒤로 가서 말하세요. '탐나네요. 나는 예수님 능력을 갖고 싶어요.'

베드로 (예수님 뒤에 붙으며) 탐나네요. 나는 예수님 능력을 갖고 싶어요.

진행자 능력을 가지려고 살짝 끌어당겨봐요. 어때요? 올 것 같아요?

베드로 오게 해야죠.

혈루증녀 저는 혈루증을 앓는 여인입니다.

진행자 베드로! 혈루증 앓는 여인이라는데 이 사람한테 하고 싶은 말 해보세요.

베드로 너 같은 애들 많아. 여기 다 병 걸린 사람들이야.

진행자 혈루증 앓는 여인, 계속해보세요.

혈루증녀 저는 돈도 많았지만 이 병을 고치려다가 모두 탕진했습니다. 얼른 나아서 인간답게 살아보고 싶습니다.

진행자 자기 캐릭터를 설명해봅시다. 캐릭터에 따라서 행동을 해보는 겁니다.

(베드로와 예수님의 능력은 예수님의 양옆에 붙고 혈루증 앓는 여인은 무릎을 꿇고 예수님께 다가간다)

베드로 예수님- 이쪽으로 오세요.

예수님 야, 야, 네가 나 보고 오는 거냐? 내 능력 보고 그러는 거 내가 벌써부터 알아봤어.

베드로 아유, 예수님! 예수님 능력이 뛰어나니까요.

예수님 너대로 해 너대로!

베드로 (혈루증 앓는 여인에게) 너 때문에 내가 예수님 보필을 못하잖아. 예수님 따라다니면서 능력을 좀 받아야 되는데, 너처럼 거지 같은 애들만 붙어서 내가 힘들어.

혈루증녀 나는 나아야 해.

베드로 그건 네 팔자고. 나도 지금 내 볼 일 바쁘거든! 너 같은 사람 많아. 약도 없어.

진행자 둘 다 관객 쪽을 바라보고 서세요.

(둘이 앞을 보고 각자 하고 싶은 말을 한다. 다시 진행자를 바라보고 이야기한다)

진행자 (혈루증 앓는 여인에게) 베드로 같은 사람을 보면 어때요?

진행자를 위한 Tip

진행자는 여기서 혈루증 앓는 여인과 베드로가 각각 관객을 보며 하고 싶은 말을 하게 했습니다. 이는 각자의 에너지를 높인 후 다시 붙게 만들기 위해서입니다. 그리고 두 사람의 에너지가 높아진 후 다시 서로 마주 보게 만들어 극적으로 장면을 연출하였습니다.

혈루증녀 답답해요, 책임 회피하는 것 같아서 짜증 나요.

관객 화가 나요.

진행자 이제부터는 누구나 나올 수 있습니다. 나와서 등장인물의 어깨에 손을 얹으면 내가 저 사람의 속마음이 되는 거예요. 그리고 속마음을 이야기하는 거예요. 이걸 더블이라고 해요. (화가 난다고 말한 관객에게) 화가 나요? 나와서 더블하세요.

혈루증녀더블 (어깨에 손을 얹고) 난 너 같은 사람이 우스워. 자기만 알고 다른 사람 우습게 보는 네가 더 우스워. 알아? 세상에 나 같은 사람 널렸다 했지? 너 같은 사람이 더 많아. 자기 분수도 모르고 다른 사람 평가하는 너 따위 더 흔해!

진행자 (베드로에게) 저 말 들으니까 어때요?

베드로 화가 나죠! 지네들이 아픈 걸 왜 나한테 뭐라 그래! 야! 내가 너한테 병 줬냐? 왜 나한테 그래! 옷도 거지같이 입어가지고! 나는 예수님을 잘 보필하는 게 임무야. 너네들 때문에 병 옮으면 어쩔 거야? 너 한 사람 때문에 병이 다 옮는 거야. 이 전염병 같은 것들아!

혈루증녀더블 너 예수님 보필하는 거 맞아? 예수님이 죄인보고 오라 그랬어, 가라 그랬어?

베드로 야, 그런데 널렸잖아. 너네보다 아픈 애들 많아.

혈루증녀더블 예수님이 그 널린 아픈 애들 오라 했어 가라 했어? 너 예수님 제자 맞아?

베드로 당연하지!

혈루증녀더블 너처럼 잘못 생각하고 오히려 예수님 방해하는 사람들, 그런 사람들이 널린 거야! 너 그거 알아?

베드로 내가 왜 방해를 해? 내가 모셔서 여기까지 온 거야!

혈루증녀더블 너 같은 사람들 때문에 예수님이 사랑을 주고 싶어도 못 주는 거야!

진행자 앉아 있는 사람들, 할 말 있으면 다 나와서 더블하세요.

(관객들 일어서서 각자 마음이 가는 인물에게 손을 얹어 이야기 한다)

베드로 더블 너네나 지레 짐작하지 마. 이 떨거지 같은 것들이!

혈루증녀더블 야, 너 말 잘했다. 야, 예수님이!

베드로 더블 (말 끊고) 야, 너네가 나만큼 예수님 잘 보필할 수 있어? 너네는 그냥 병 좀 고쳐달라고 온 거잖아. 너네는 예수님이 자원봉사자인 줄 아냐? 내가 예수님한테 얼마나 잘했는데!

진행자 그만!

진행자를 위한 Tip

무대에 있는 두 사람의 힘이 불균형하면 극적 긴장감이 떨어집니다. 이때 진행자는 약한 쪽에 더블을 붙여 힘이 비등해지도록 만들어주어야 합니다.

혈루증녀더블 야, 예수님은 사랑이야!

베드로 내가 얼마나 열심히 했는지 아냐? 예수님이 하라는 거 다했어! 너네 때문에 예수님이 얼마나 손해 봤는지 알아?

베드로 더블 야! 너네가 뭔데 제자다 아니다 판단해?

혈루증녀 넌 제자가 될 자격이 없어

베드로 더블 예수님이 나를 제자라는데! 네가 왜 지랄이야! 너네가 예수님을 도와준 적 있어? 나는 예수님을 항상 보필해!

혈루증녀더블 제자라는 거 증명해봐!

진행자 베드로. 이 의자에 올라가서 대중에게 정치 연설 하듯이 말해보세요.

베드로 더블 자, 이스라엘 백성들. 지금 우리나라에는 악귀도 많고 이렇게 병 걸린 사람도 많아요. 사회의 밑바닥에 깔려 있는 사람들이 많아서 한 명 한 명 다 돌볼 수가 없어요. 나는 예수님이 말씀을 전하고 본인의 사역을 하도록 보필을 해야 해! 이런 사람들 일일이 우리가 돌볼 수가 없습니다. 자꾸 막무가내로 이러면 나라가 시끄러워져요! 나는 병자만 모여서 걸걸대는 게 보기 싫어. 예수님은 깨끗하고 좋은 데서 우리들이 원하는 그 왕이 되어야 합니다!

진행자 그렇지! 나는 그 질서를 원합니다!

베드로 더블 나는 그 질서를 원합니다! 나는 질서를 지키는 사람입니다!

진행자 또 나는 예수님을 위해서- 시작!

베드로 더블 나는 예수님을 위해서 내 모든 걸 버리고 나왔어. 너네는 병이 있으니까 나온 거지? 나는 병도 없었다구! 내가 전에 물고기 얼마나 많이 잡았는지 알아? 나는 다 버리고 예수님을 따라왔어!

혈루증녀 (의자에 올라가서) 베드로! 너의 독설과 오만 재미있게 봤어. 이제부터 내 이야기 들어봐. 너는 질서를 지키고 예수님이 깨끗한 곳에 있어야 한다고 하지? 예수님이 뭐라고 하셨어? 아흔 아홉마리 양보다 잃어버린 한 마리 양이 소중하다고 하셨어! 예수님이 어떤 분이신지 너는 옆에서 계속 따라다녔어도 모르지? 우리는 병들어서 예수님 앞에 나아왔지만 예수님이 우리를 살려주실 거라는 걸 알아. 너는 그렇게 여러 해를 예수님과 다니면서도 그런 것도 모르고 예수님의 수제자라고 말하지! 우리는 병들어 사람들에게 멸시를 받지만 예수님이 우리를 고쳐주기를 원하신다는 걸 알아. 네가 뭘 안다고 말할 수 있어?

진행자 베드로 올라오세요. 요지가 뭔지 알죠? 질서와 순서를 깨부수고 자기들의 고통을 강조하잖아. 베드로는 질서를 보호하는데.

베드로 더블 내가 너같이 예수님한테 매달리는 애들 한두 명 본 줄 알아? 어? 처음에는 예수님, 예수님 하다가, 고쳐주시면 믿다가, 그러다 쪼금 아프면 예수님 안 믿고 돌팔매질하고. 그런 애들 많이 봤어! 이익이 되면 좋다고 하다가 또 안 쳐다봐준다고 뭐라고 하고! 너 같은 애들은 진짜 믿음이 아니야. 진짜 믿음은 그냥 믿고 온 마음을 다하는 거지 내 병 고쳐주세요, 돈 벌게 해주세요, 이런 거 아니야. 너네가 정말 믿으면 말씀을 전하기 위해서 더 노력했어야지. 너네 병 걸린 걸 예수님이 의사도 아니고 어떻게 다 아니? 그건 의사한테 가서 해야지. 너네들이 거지로 산 것을 왜 예수님한테 이야기하느냔 말이야! 예수님은 예수님이 할 일이 따로 있고 너네들은 너네가 할 일이 따로 있는 거야. 그걸 가지고 그렇게 몰아세우면 안 되는 거야!

진행자 이런 속마음들이 있을 수 있잖아요? 이걸 장면으로 만들어본 거예요. 자, 더블은 다 들어가시고 다시 첫 장면으로 돌아갑니다.

(예수님 옆에 능력과 베드로가 붙어 있고 혈루증 앓는 여인은 무릎으로 베드로의 발을 잡고 있다)

[예수님과 베드로의 만남]

베드로 예수님 조심하세요. 제가 지켜드릴게요! 아, 이 거지같은 놈!

예수님 그런 말 하지 말랬잖니.

진행자 베드로, 너 이거(능력) 가지고 싶잖아?

베드로 네, 맞아요. 제가 예수님 대신해서 일 좀 하고 그럴게요.

예수님 그건 아직 이르다.

진행자 열 받지? '왜 내가 아직 일러요?' 시작!

베드로 내가 지금 예수님을 따라다닌 지가 몇 년째인데! 서당개도 3년이면 된다는데 내가 당신을 따라다닌 지가 3년인데! 내가 예수님 발끝부터 모르는 게 없는데 어떻게 저를 그렇게 무시하는 말씀을 하세요? 내가 거지도 쫓아내고 거지가 예수님 만지면 예수님 건강 상할까봐 온몸으로 막아드렸는데, 그래서 여기가 다 상처투성이인데! 예수님은 고귀하시잖아요. 여기 칼자루 한번 쥐어보려고 하는데...

예수님 그래서 너 하고 싶은 일이 뭔데?

베드로 저는 하고 싶은 일이 많지는 않구요. 예수님의 그 능력 조금만...

진행자 쟤(능력), 쟤를 달라 그래.

베드로 쟤(능력)를 주세요.

예수님 그러니까 쟤(능력)를 가지고 네가 뭘 하고 싶은데?

베드로 저는 쟤(능력)를 가지고 예수님처럼 사람들을 많이 부리고 싶어요.

예수님 부리고 싶어? 너, 그 마음가짐이 아직 덜 됐다는 거야.

진행자 부족한데 아동을 치료하고 싶다고 해. (베드로 역할을 하는 참여자에 대해 미리 알고 있는 사실을 살짝 언급해주었다)

베드로 저는 부족한 사람인데 재(능력)는 예수님처럼 온화한 능력이에요. 그걸 가지고 아이들을 치료하고 싶어요.

진행자 너는 어째서 그 작은 거, 애들 치료하는 것도 힘들면서 거대한 것을 요구하냐? 네가 예수님 마음을 움직이지 못했잖아. '이 어린아이가 너무 불쌍하니 그 능력(온화한 능력)을 좀 주세요.' 이렇게 말하지 못하고 '이 새끼들 다 부려 먹을 거야!', 이래버렸잖아. 왜 그래?

베드로 왔다 갔다 하네요. 능력만 보면 눈이 뒤집혀요.

진행자 네, 여기까지 하겠습니다. 자, 어때요? 어떤 느낌이 들어요?

(인물들 자리로 돌아가 앉는다)

진행자 역할을 해본 사람부터 소감을 나눠봅시다.

참여자베드로 베드로가 참 가지고 싶은 마음이 간절하구나.

참여자혈루증녀 혈루증 앓는 여인이 정말 간절했을 것 같아요. 얼마나 간절했으면 매달렸을까?

진행자 베드로랑 이야기 할 때는 어땠어요?

참여자혈루증녀 베드로의 다리를 잘라버리고 싶었어요.

참여자베드로 저는 베드로인데 주변이 눈에 안 들어와요. 다른 사람들도 다 아파 보이니까 이 여자가 별로 중요하게 안 보여요.

참여자[혈루증녀] 각자 원하는 게 다 다르네요. 베드로 같은 사람들이 교회 안에 많거든요. 진짜 구원받아야 하는 사람들이 구원을 못 받고 있고 고침을 받아야 하는 사람들이 고침을 못 받고 있어요.

참여자[예수님] 서로서로 싸웠잖아요. 제 눈에는 저를 바라보는 군중은 군중대로 예쁘고, 베드로는 베드로대로 예쁘게 보였어요. 베드로가 함부로 했다고 해서 혼내고 싶은 마음은 없었고, 다 버리고 나를 따르는 것에 대해 칭찬해주고 싶고 내 마음을 배웠으면 좋겠다는 마음이었어요.

[전체 나누기]

진행자 네. 성경 한 장면이 어떻게 느껴졌어요?

참여자3 성경의 이야기가 옛날이야기가 아닌 지금 우리의 이야기가 되었어요.

참여자4 이 성경 구절에서 전혀 베드로가 안 보였었는데 이번에 베드로를 보게 되었어요.

참여자5 베드로는 열심히 일을 했지만 그 열심이 방해가 될 수 있다는 걸 배웠어요.

참여자6 베드로는 잘해보고 싶고, 칭찬 받고 싶고, 열심히 했는데 섭섭했을 것 같아요. 잘하고 싶어서 더 그렇게 행동하지 않았을까요?

참여자3 한편으로는 너무 극단적으로 베드로를 설정하는 게 아닌가 싶어 불편했어요.

진행자 그렇죠. 성경에 나온 대로만 드라마를 하면 성극이 됩니다. 베드로가 너무 극단적으로 설정되었다? 이게 비블리오드라마와 성극의 차이입니다. 원래 본문에서는 혈루증 앓는 여인이랑 야이루가 핵심 주인공인데 오늘 여기서는 베드로가 부각됐잖아요? 이것이 무슨 의미일까 한번 생각을 해보세요. 예를 들어 설교를 합니다. 혈루증 앓는 여인을 주님이 고치셨습니다. 다음에 또 설교를 합니다. 혈루증 앓는 여인이 있었는데 주님이 고치셨습니다. 이렇게 10년, 100년 똑같은 결론에 도달하는 설교를 들으면 여러분 마음에 감동이 옵니까?

이건 예술적 접근이에요. 드라마에서 성경 이야기를 잘하는 것은 아카데미상을 받지 못해요. 보편적이지 않으니까. 그런데 이 드라마에서는 베드로의 권력중심 사고, 병자의 심리, 이런 것을 다루니 위대한 드라마가 되는 겁니다. 심층적 시각이 나오는 거죠. 또 어떤 것을 느끼셨나요?

참여자6 저는 베드로가 저처럼 느껴졌어요. 사역자로서 예수님을 따른다고 교회 일을 해나가고 있는데 정작 중요한, 병든 사람들을 막고 있는 거예요. 지금 내가 주님의 일을 한답시고 하는 모든 일들이 주님의 일을 가로막고 있지 않나 하는 통찰이 생겼어요. 주님을 보좌하는 것이 나의 일인데 결국은 구원의 손길을 뻗는 여인을 막고 있는 것은 아닌가? 지금도 마음이나 몸의 병 때문에 교회를 찾잖아요. 그런 베드로 같은 사람들 때문에 예수님을 만나지 못하고 상처를 받고 실망하고 돌아가는 사람들이 있겠구나 생각했어요.

참여자2 베드로 같은 전도사님 때문에 실제로 상처를 받은 적이 있어요. 베드로는 말보단 행동이 앞서는 사람이잖아요. 제가 같이 동역했던 전도사님도 열정과 사랑은 넘치는데 어떻게 유학생들, 대학생들에게 접근해야 하는지 방법을 몰랐어요. 그래서 항상 예배해야 한다, 기도해야 한다 이야기를 하셨고 결국 교회가 침체기에 들어설 수밖에 없었어요. 내가 정말 도움이 많이 필요했는데 에너지가 예수님과 십자가에 가 있고 저에게 오지 않는 상태를 경험해봐서 마음에 와닿았어요.

참여자1 혈루증 앓는 여인의 절박함이 저하고 비슷해서 베드로가 굉장히 미웠어요. 그런데 베드로의 말을 들어보니 저 사람은 자기 역할을 참 성실하게 하는 사람이구나, 그게 이해가 되면서 분노가 내려갔어요. 그리고 내게 절박함이 있으면 아무리 저렇게 저지를 해도 뛰어넘을 수 있겠다는 생각이 들었어요.

참여자10 저는 예수님 역할을 맡았는데 이렇게 병을 고쳐달라는 사람들이 원하는 것을 얻으면 일상으로 돌아가잖아요. 제자들을 볼 때 안쓰럽고 슬픈 마음이 들었어요. 얘네들은 모든 걸 포기하고 나를 따르는 애들인데 자기 병 나았다고 기뻐하는 애들이랑은 다르잖아요. 그런데 나는 내가 어떻게 죽음을 맞게 되고 승천할지 알잖아요. 내가 가고 나면 제자들은 남잖아요. 제자들을 가르쳐주고 다독이고 애써주고 있는데 내가 가고 나면 얘네들의 마음을 누가 알고 위로해줄까? 외롭고 고단할 텐데. 제자들에게 굉장히 무거운 십자가를 주는 것 같아 안쓰러운 마음이 밀려왔어요.

참여자9 저는 베드로가 되니까 정신이 없었어요. 뒤를 돌아보면 사람이 너무 많고 다 아우성을 치니까 정신이 하나도 없었어요. 또 베드로는 왜 저렇게 열심히 예수님을 쫓아 다녔을까 궁금해졌어요.

진행자 비블리오드라마를 하면 익숙하던 본문이 달리 보이게 됩니다. 그리고 성경에 대해 질문을 일으킵니다. 교회 성경공부는 답을 주지만 비블리오드라마는 질문을 만들어주는 것이죠. 자, 이번엔 무엇을 발견했는지 이야기해봅시다.

참여자11 내 모습을 발견했어요.

진행자 어떤 내 모습이죠?

참여자11 필요할 때 기도하다가 살 만하면 땡– 하는 내 모습.

진행자 어느 대목에서 그런 걸 느꼈나요?

참여자11 베드로가 '필요할 때는 왔다가 괜찮아지면 기잖아'라고 했을 때 내 얘긴가 했어요.

참여자12 저는 '교회 다니는 사람들이 어떻게 저렇게 행동을 해?' 하면서 일정하게 거리를 뒀던 것 같아요. 오늘 베드로에게 그런 느낌을 받았거든요. 믿는다면서 어떻게 저딴 행동을 해? 그런데 베드로도 그 나름대로 아픔이 있는 것을 보면서 앞으로 그런 사람에 대해서 섣불리 판단하거나 평가하는 태도가 줄어들 것 같아요.

진행자 인간을 조금 더 이해할 수 있게 되었다. 중요한 말이죠. 교회가 사랑의 사도를 만들어야 해요. 당위적으로 사랑하라고 할 것이 아니라 이렇게 많은 인간을 이해할 수 있는 '장'을 만들어야할 것 아니겠어요? 다음 그룹 볼까요?

[혈루증과 혈루증 앓는 여인의 만남]

혈루증녀 낫게 해주세요, 예수님.

진행자 당신은 누구세요?

혈루증 혈루증입니다.

진행자 당신은 왜 여인에게 붙어 있어요?

혈루증 난 외로워요, 나는 친구가 필요해요.

진행자 나에게 친구는 어떤 거야?

혈루증 인간.

진행자 인간은 많은데 왜 저 여인이야?

혈루증 나를 쫓아내는 방법을 잘 몰라요.

진행자 너를 왜 쫓아내야 돼? 자, 다 같이 손가락질하면서 '무식하네–' 시작!

다같이 (혈루증에게 손가락질하며) 무식하네–

진행자 더 욕해주세요!

다같이 무식하게 붙어만 있었지 죽이는 법을 몰라. 무능하네!

진행자 돈도 없지 체력도 안 되지. 그런데 붙어 있는 이유가 뭐야? 말 좀 해봐.

(참여자 중 한 명이 혈루증 앓는 여인의 더블을 하러 앞으로 나간다)

혈루증녀 더블 너는 능력도 없는데 왜 나한테 붙어 있냐?

혈루증 그럼 너는 능력도 없는 애 때문에 이렇게 고생하냐?

혈루증녀 더블 그만둬. 꺼져버려! 별거 아니네.

진행자 붙어!

(혈루증은 여인에게 붙으려고 티격태격한다)

진행자 혈루증 앓는 여인은 밤마다 저렇게 혈루증과 싸우고 살았답니다.

혈루증녀 야! 내가 너 때문에 얼마나 힘들었는지 알아? 너 때문에 내 청춘 다 날아갔어. 이 얼어 죽을 병아! 내가 제대로 살아보지도 못하고 남자도 못 만나고, 이게 뭐야! 이 더러운 것아, 꺼져!

혈루증 야! 나도 너 싫어. 그런데 네가 인간들 중 제일 못생겨서 그나마 너랑 있는 거야. 나도 너 싫어!

혈루증녀 더블 야! 네가 오기 전에는 나도 예뻤거든?

혈루증 네가 제일 약해. 그리고 네가 제일 멍청해! 그래서 내가 살 수 있어!

혈루증녀 너 때문에 내가 더 멍청해진 거야.

혈루증 나는 너랑 있어야 가장 편해. 너는 12년 동안 날 쫒아내는 법도 몰랐어.

혈루증녀 내가 너를 쫒아내려고 얼마나 힘들었는지 알아?

(혈루증은 여인에게 붙는다)

[회당장과 혈루증 앓는 여인의 만남]

진행자 자, 이제 회당장이 말해보세요. 딸을 고쳐야 하는데 예수님이 시간을 지체하고 있어. 시작!

회당장 예수님! 여기서 오래 계시면 안 돼요! 우리 딸이 다 죽어가요. 우리 집 빨리 가야 해요! 예수님, 그 여자 신경쓰지 말고 빨리 오세요!

진행자 이거 보니까 어때요?

회당장 제 행동이 이기적이에요. 저 여자도 급한데...

진행자 지금 당신 딸이 죽어 가는데 저 여자 급한 게 보여요? 화났다가 저 여자도 이해가 갔다가? 두 사람만 나오세요. 이해하는 마음과 미워하는 마음, 각각 맡으세요.

회당장 이해 난 저 여자를 이해해. 저 여자는 얼마나 힘들었겠니?

회당장 미움 야! 빨리 가야 해! 지금 네 딸이 죽게 생겼잖아. 저 여자는 너랑 상관없는 여자야!

회당장 (혈루증 여인을 보고) 야! 꺼져 ! 내가 먼저 예수님한테 이야기했잖아! 너 때문에 예수님 가지도 못하고 있잖아! 나중에 볼 일 봐! 우리 딸이 죽어가고 있어!

진행자 혈루증! 병균으로서 너는 어떠냐?

혈루증 (침묵)

진행자 생각이 없냐? 들어가세요. 회당장! 이 여인을 끌어내!

(회당장이 혈루증 앓는 여인을 끌어낸다)

진행자 (혈루증 앓는 여인에게) 야, 너는 여기서 놓치면 끝이야! 그렇게 쉽게 보내줄 수 있어?

혈루증녀 회당장, 너 저리 꺼져! 나 결혼이라도 하고 죽을 거야!

진행자 (회당장에게) 예수님이 어때 보여요? 지금 이 여인한테만 신경 쓰고 있잖아요.

회당장 예수님, 지금 저 바쁘거든요? 급해요! 지금 저희 딸이 죽어가고 있어요! 저한테도 신경을 써주세요!

진행자 (회당장 속마음 중 미움에게) 이걸 보면 어때요?

회당장 미움 예수님, 저 화나거든요! 예수님이 저 사람한테만 있으니까 저 화나요!

진행자 자, 딸은 아버지한테 한마디 해줘요.

딸 아빠, 저 죽을 것 같아요.

진행자 (회당장에게) 딸 이야기 들려요? 어때요?

회당장 당장 저 여자를 치우고 데려가야 할 것 같아요.

진행자 그런데 왜 아무것도 못해요? 말할 수 있어요?

회당장 제 딸이 지금 죽어가요, 예수님! 야! 저 년(혈루증 앓는 여인)을 치워! 예수님 모시고 가야겠다!

딸 아빠 뭐해요. 아빠, 나 죽을 것 같아.

회당장 잠깐만 기다려! 예수님 데려갈 거야. 예수님! 우리 딸이 죽어간다고요! 예수님 빨리 오세요! 빨리 가요!

종 회당장님 딸이 죽었어요.

회당장 아니야! 우리 딸이 죽을 리가 없어! 예수님은 죽은 사람을 살렸대!

회당장 미움 예수님 미워.

회당장 이해 　예수님은 살릴 수 있어.

회당장 　아니야. 같이 갈 거야. 우리 딸 안 죽었어! (한구석에 딸이 누워있고 하얀 천으로 딸의 얼굴을 가린다)

진행자를 위한 Tip

우리는 때로 다른 사람이나 어떤 사건을 만날 때 대립하고 모순되는 여러 마음을 품습니다. 이를 양가 감정이라고 부르기도 하지요. 비블리오드라마 과정에서 참여자에게도 여러 마음이 생길 수 있습니다. 이럴 때 진행자는 다른 참여자를 불러내어 갈등하는 참여자의 마음을 대신 표현하도록 할 수 있습니다. 여기서 진행자는 회당장의 마음을 미움과 이해로 나누어서 두 가지 마음을 모두 탐색해보았습니다.

진행자 　자, 여기까지 하겠습니다. 소감이 어떠세요?

회당장 　최선을 다해서 예수님을 데려가려고 했는데 딸을 구하지 못할 수도 있겠다는 생각이 들었어요.

진행자 　예수님이 원망스러웠나요, 여자가 원망스러웠나요?

회당장 　예수님이요.

회당장 이해 　그 절박한 상황에서도 착한 척하는 저 자신에게 화가 났어요.

참여자10 　저는 아까 회당장의 딸이 되어 누워 있었는데, 아빠가 예수님께 우리집에 가야 한다고 소리치는 걸 보면서 "아빠, 더 크게 소리 질러요. 그동안 회당장이라 나를 위해 마음껏 울지도 못하고 쉬쉬하며 애썼는데 이제는 나를 위해서 더 크게 울어요. 울어도 돼.", 그렇게 이야기 해주고 싶었어요. 아빠, 애썼어.

[예수님과 야이로 딸과의 만남]

진행자 그래요, 이쪽으로 와서 이불 덮고 누워보세요. 마지막 장면을 위해 하는 겁니다. 여러분들은 예수님이 되어서 한 마디씩 하세요.

참여자 5 딸아, 일어나. 내가 왔어. 걱정 마.

참여자11 사랑하는 내 딸아. 편하게 쉬어. 영원히.

참여자 3 많이 힘들었지? 이제 행복하게 살자.

참여자 6 널 살릴 수 있었는데 죽게 해서 미안하구나.

참여자 4 힘들었지? (딸을 쓰다듬어준다)

진행자 자리 바꾸세요.

예수님 참여자10 딸아. 많이 기다렸지? 내가 왔다. 이제 일어나봐.

딸 참여자4 많이 기다렸어요.

예수님 참여자10 많이 기다렸어?

딸 참여자4 늦게 와서 너무 미워요. 예수님 미워.

예수님 참여자10 (누워있는 딸을 누운 채로 안아준다)

딸 참여자4 예수님이 나를 정말 사랑하는지 모르겠어요. 예수님은 능력이 많은데 나한테는 나타나지도 않잖아요.

예수님 참여자10 미안하다.

딸 참여자4 나한테 먼저 와줬어야지. 기다리느라 많이 지쳤단 말이에요. 너무 힘들었단 말이에요. 이 고통이 언제 끝날까 너무 두렵고 무서웠단 말이에요. 예수님이 안 오니까 나는 소망이 없구나, 꽃 피워보지도 못하고 비참하게 죽는구나. 사랑한다면서 병을 줘서 죽은 다음에 살리는 게 어디 있냐고! 병 주고 약 주고 그러냐구요! 아, 짜증 나. 예수님 보기도 싫어요.

예수님 참여자10 다 알고 그 어두움도 안다.

딸 참여자4 알긴 뭘 알아요! 알면 이제 오냐고. 예수님이 어떻게 내 고통을 알아! 아무도 몰라, 내가 얼마나 힘든지! 외롭고 괴롭고 힘들었어요.

진행자 딸에게 일어나라고 하세요.

예수님 참여자10 일어나자. 이제 살았다!

진행자 만세 한번 불러봐.

딸 참여자4 축 부활!

(참여자들 모두 박수치며 기뻐한다)

3-5. 나누기

참여자4 저는 딸 입장일 때 '예수님 저 정말 기뻐요, 살아났어요!' 라고 할 줄 알았어요. 예수님한테 투정을 부릴 줄 몰랐거든요. 그런데 옛날에 힘들고 아픈 시절에 예수님께 병 낫길 기도했던 마음이 생각나면서 투정을 부리게 되더라고요. 너무 화가 나고 짜증 나고 미운 거예요. 그런데 그렇게 속에 있는 말을 하면서 예수님하고 정말 가까워진 것 같아요. 예전에 기도하면서 다 했다고 생각했는데 그게 아니었구나, 지금도 내 안에 화나고 미웠던 마음이 남아있다고 이야기를 해야겠다는 생각이 들었어요. 그럼에도 불구하고 예수님께 고마웠어요. 저는 누군가에게 제 이야기를 하면 울게 될까봐 두려워하는데 아까 그 순간 그렇게 했다는 것이 신기하고, 그러지 못했던 과거의 나를 쓰다듬어주고 싶어졌어요.

진행자 네. 3일간 비블리오드라마를 하면서 느낀 점을 이야기해봅시다.

참여자5 예수님께 가까이 가고 싶은 마음이 들어요.

참여자6 신학교에서 성서비평학을 배우는데 그렇게 책으로 읽는 것과 몸으로 읽는 것의 차이점을 알았어요. 당시 상황이 어땠는지 입체적으로 경험할 수 있어서 좋았어요.

참여자1 처음에는 굉장히 어색했어요. 나누기 할 때 다 추상적인 말을 하고 교회 이야기하는 것에 거부감을 느꼈었는데, 할수록 과정에 녹아들면서 내 삶과 연결되는 이야기로 느꼈고 집단과 소통하는 느낌을 받았어요. 욕하고 화내는 역할은 잘하는데 따뜻하게 안아주는 역할은 못하거든요. 그런데 드라마를 하면서 신체로 감정을 담아 표현하게 되어 좋았고 그런 걸 더 느꼈으면 좋겠다는 생각이 들었어요.

참여자2 내 문제를 보게 되었어요.

참여자3 저는 성경이 살아서 움직이는 걸 느꼈어요. 몸으로 받아서 몸으로 전달하는 게 중요하는 생각을 했어요.

참여자4 액션이라는 게 파워풀한 것이라는 생각이 들었고, 다양한 사람들과 함께 드라마를 하면서 서로의 생각을 알게 되고 새로운 시각도 접하게 되어서 유익했어요.

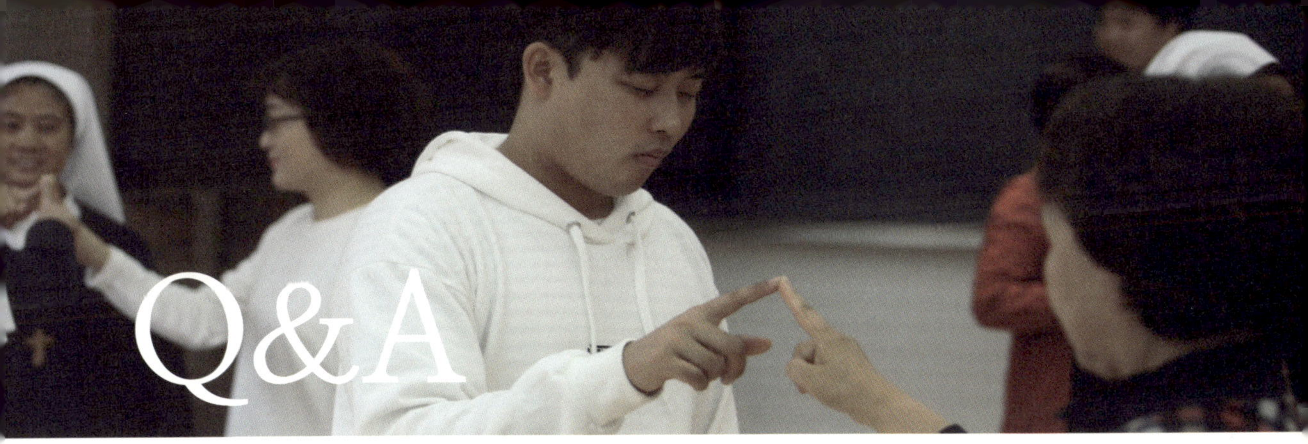

Q&A

1. 진행자는 어느 타이밍에 참여자들의 연기에 개입하여야 하나요?

진행자는 드라마 초기에 참여자가 자발적으로 참여하게 될 때까지 개입하게 됩니다. 그러나 참여자들이 스스로 드라마를 만들어나가기 시작하면 한 걸음 뒤로 물러서야 합니다. 참여자들에 의해 진행되는 와중에 자발성이 떨어지거나 진부한 장면이 지속될 때 진행자는 개입을 통해 자발성을 높이거나 방향을 전환하는 역할을 함으로써 드라마에 활력을 불어넣을 수 있습니다.

2. 참여자가 자꾸 자기 이야기만 하면 어떻게 대처해야 하나요?

참여자가 극에 몰입하지 않고 자기 이야기를 주도적으로 하거나 객관적 서술을 하면 지금 여기가 성경 속의 현장임을 알려주고 현장 속에서 이야기하도록 합니다. 그래도 몰입하지 않을 경우 자연스럽게 등장인물을 교체하도록 합니다.

3. 그룹별로 극을 만드는 준비시간은 몇 분 정도 할애해야 할까요?

그룹별 활동은 극의 흐름이 멈추지 않는 범위 내에서 시간을 할애해야 합니다. 3분에서 많게는 10분 정도를 할애하지만 소그룹 작업이 지지부진할 경우 전체 집단 활동으로 전환합니다.

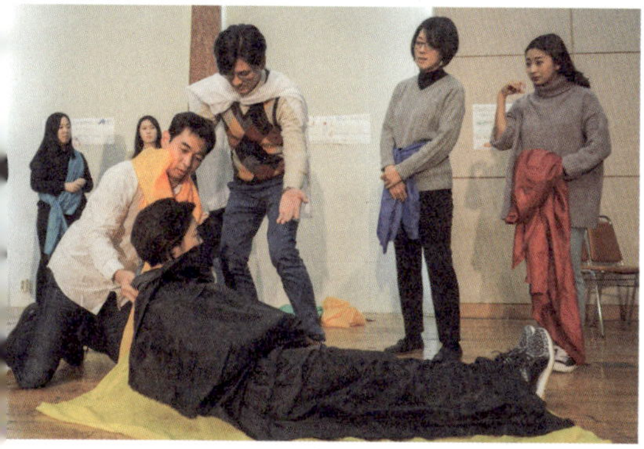

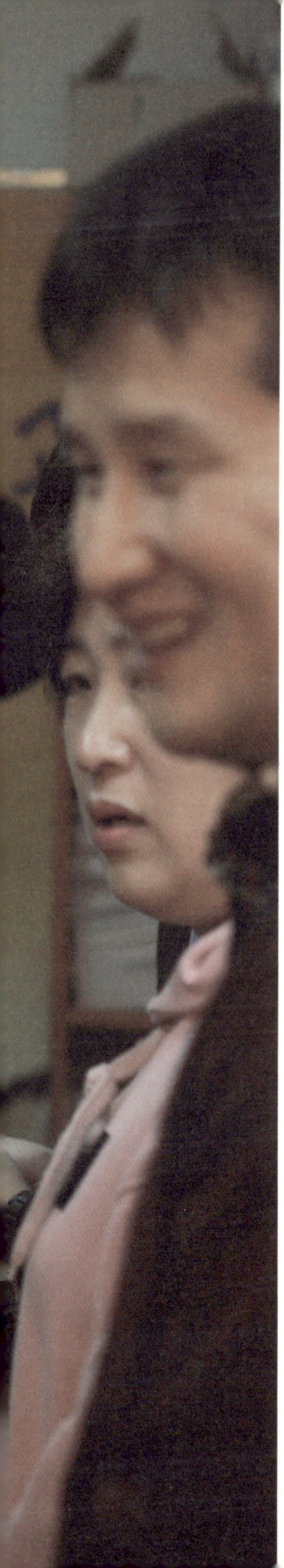

Part 4
비블리오드라마의 활용

다양한 성경본문으로 비블리오드라마 하기

| 사순절_랍비여 안녕하십니까?

■ **마 26:49** 유다가 곧바로 예수께 다가가서 "안녕하십니까? 선생님!" 하고 말하고, 그에게 입을 맞추었다.

비블리오드라마를 공부하는 이십여 명의 한동대 학생들이 나를 찾아왔다. 학생들은 사순절에 할 프로그램을 고민하고 있었다. 그동안 어떻게 사순절을 기념했냐고 되묻자 학생들은 별 프로그램이 없거나 몇 년째 영화 '패션 오브 크라이스트(The Passion of The Christ)'를 반복해 상영한다고 대답했다. 나는 이들을 위해 비블리오드라마를 기획했다. 먼저 마태복음 26장 49절을 읽고 전후 맥락에 대해 이야기를 나눈 뒤 비블리오드라마로 들어갔다.

구조는 간단하다. 한 사람에게 예수님 역할을 맡겼다. 그리고 10명 정도 무리를 한쪽에 모아 병사 혹은 유다의 역할을 맡겼다. 그러고는 본문의 내용처럼 예수님에게 다가가 어떤 행동이라도 하면서 "랍비여 안녕하십니까?"를 말하고 지나가라고 지시했다. 악수를 건네고, 포옹을 하고, 인사만 건네기도 하는 등 학생들은 다양한 행동을 하면서 예수님 앞을 지나갔다. 나는 그들을 다시 원 위치로 모이게 하고는 두 번째 행동을 지시했다. "아까 전과 똑같이 행동하면서 '랍비여 안녕하십니까?' 말하고 지나간 후 뒤돌아서 한마디씩 해보세요." 학생들은 말했다. "예수라면 이 상황을 벗어나보시지.", "하나님인데 그렇게 능력이 없나요?", "왜 내가 이 지경이 될 때까지 내버려 뒀나요?" 예수님을 지나가는 한 사람 한 사람의 목소리가 떨리기 시작했다. 그리고 어느 순간 학생들이 여기저기 쓰러져 울음을 터뜨렸다.

시간을 두고 감정을 추스른 뒤 나누기를 했다. "갑자기 제가 유다가 된 듯 했어요. 제 삶이 유다와 별반 다르지 않다는 생각이 들었어요.", "예수님이 불쌍했어요. 제자에게 배신당한 거잖아요." 나는 아무 말도 하지 않았다. 비블리오드라마는 성경 속으로 들어가 자기 스스로 깨닫게 만드는 도구이다. 진행자는 그 모든 말을 들으며 조율하고 물꼬를 틀 뿐이다.

| 성탄절_ 마구간에 모인 사람들

▪ **마 2:1~12** 1 헤롯 왕 때에, 예수께서 유대 베들레헴에서 나셨다. 그런데 동방으로부터 박사
들이 예루살렘에 와서 2 말하였다. "유대인의 왕으로 나신 이가 어디에 계십니까? 우리가 동방
에서 그의 별을 보고, 그에게 경배하러 왔습니다." 3 헤롯 왕은 이 말을 듣고 당황하였고, 온 예
루살렘 사람들도 그와 함께 당황하였다. 4 왕은 백성의 대제사장들과 율법 교사들을 다 모아 놓
고서, 그리스도가 어디에서 태어나실지를 그들에게 물어 보았다. 5 그들이 왕에게 말하였다. "유
대 베들레헴입니다. 예언자가 이렇게 기록하여 놓았습니다. 6 '너 유대 땅에 있는 베들레헴아, 너
는 유대 고을 가운데서 아주 작지가 않다. 너에게서 통치자가 나올 것이니, 그가 내 백성 이스라
엘을 다스릴 것이다.'" 7 그 때에 헤롯은 그 박사들을 가만히 불러서, 별이 나타난 때를 캐어묻
고, 8 그들을 베들레헴으로 보내며 말하였다. "가서, 그 아기를 샅샅이 찾아보시오. 찾거든, 나에
게 알려 주시오. 나도 가서, 그에게 경배할 생각이오." 9 그들은 왕의 말을 듣고 떠났다. 그런데
동방에서 본 그 별이 그들 앞에 나타나서 그들을 인도해 가다가, 아기가 있는 곳에 이르러서, 그
위에 멈추었다. 10 그들은 그 별을 보고, 무척이나 크게 기뻐하였다. 11 그들은 그 집에 들어가
서, 아기가 그의 어머니 마리아와 함께 있는 것을 보고, 엎드려서 그에게 경배하였다. 그리고 그
들의 보물 상자를 열어서, 아기에게 황금과 유향과 몰약을 예물로 드렸다. 12 그리고 그들은 꿈
에 헤롯에게 돌아가지 말라는 지시를 받아, 다른 길로 자기 나라에 돌아갔다.

사무실에 전화 한 통이 걸려왔다. 도와달라고 말하는 한 여자 청년의 작은 목소리가 수화기 너머에서 흘러나왔다. 이유인즉 교회에서 상처를 입어 더 이상 교회를 나가지 못하고 있는데 성탄절이 다가오니 마음이 불편하다는 것이었다. 지방에 사는 그녀에게 당신만을 위한 성탄 예배를 준비하겠다고 말하고 서울로 오게 하였다.

당일 오전에 광고를 했다. "한 사람을 위한 성탄 예배를 진행하니 교회에 못나가는 사람은 오세요." 준비할 것은 함께 먹을 과일이나 음식뿐이었다. 십여 명이 모인 크리스마스 이브는 조촐했다. 모두 비블리오드라마를 모르는 사람들이었지만 충분히 설명한 후 바로 진행을 시작했다. 반짝이는 크리스마스 전구를 한 줄로 바닥에 깔고 나는 말했다.

"예수님의 탄생을 알았던 동방박사들은 별을 보며 길을 걸었습니다. 여기 별들을 보고 당신이 왜 이 길을 가게 되었는지 이유를 생각해 보세요. 그리고 그 이유를 상징하는 물건을 찾아와 전구 옆에 놓으세요." 동방박사가 된 사람들은 책, 그릇, 전등 등 저마다 의미를 부여해 물건을 가져왔다. 그리고 한 사람씩 이야기하기 시작했다.

"(책을 들고) 나는 그동안 책을 통해 진리를 찾았었는데 더 이상 진리가 책에 있지 않다고 생각하게 되었습니다. 이제는 하나님이 우리에게 주신 진리를 찾아야 한다고 생각합니다."

"(그릇을 들고) 나의 생활은 그리 풍족하지 않습니다. 박사라고 모든 것을 잘하지는 않습니다. 경제적 무능함이 이 사막으로 오게 했습니다. 나의 힘든 삶을 알아주는 분이 이제 세상에 온다고 하는데..."

"(전등을 들고) 저는 세상에 빛을 주고 싶습니다. 힘들고 어려운 이 세상에 빛이 되는 학문을 하고 싶습니다. 그런데 그 빛으로 오신 분이 있다고 해서 이 사막으로 왔습니다."

동방박사가 된 사람들은 사막을 건너며 서로 다투기도 하고 논쟁하기도 했다. 길을 되돌아가려는 사람도 있었다. 그러자 동방박사 역을 맡은 사람 하나가 보물을 꺼내 돌아가려는 사람을 달래며 끝까지 가자고 권유하기도 하였다. 이 과정을 지켜보던 이들은 동방박사 각자가 황금과 유향, 몰약을 가지고 있었던 게 아니라 한 명이 제가 가진 것을 다른 박사들에게 나눠주었을 수도 있겠다고 상상하였다. 이런저런 우여곡절을 겪으며 동방박사들이 간이 마구간 앞에 섰다. 나는 미리 준비한 아기 예수님을 상징하는 포대를 한 명씩 차례로 안아보게 하였다. 지방에서 올라온 여자 청년도, 참여한 다른 사람들도, 어깨를 들썩이며 울었다. 각자 삶의 애환이 있음을 누구라도 느낄 수 있었다. 예수님의 탄생을 가장 기다리던 사람은 세상에서 가장 고통받고 힘들게 사는 사람, 소리 내어 울지 못하는 사람이란 것을 느끼는 순간이었다.

이후 매년 비슷한 형식으로 '성탄절을 위한 비블리오드라마'를 진행하고 있다. 하지만 드러나는 모습은 매번 다르다. 제목을 붙인다면 '소리 내어 울지 못하는 사람들', '축제로 맞이하는 예수님', '문밖에서 서성이는 사람들'이라고 할 수 있을 것이다. 참여자들은 매년 새로운 의미로 다가오는 인생의 최고의 성탄을 맞이하였다고 고백해 주었다.

| 삼손과 데릴라_멀고 먼 남자와 여자 사이

■ **삿 16:4~31** 4 그 뒤에 삼손은 소렉 골짜기에 사는 어떤 여자를 사랑하게 되었는데, 그의 이
름은 들릴라였다. 5 블레셋 사람의 통치자들이 그 여자를 찾아와서 말하였다. "당신은 그를 꾀어
그의 엄청난 힘이 어디에서 나오는지, 그리고 우리가 어떻게 하면 그를 잡아 묶어서 꼼짝 못 하
게 할 수 있는지 알아내시오. 그러면 우리가 각각 당신에게 은 천백 세겔씩 주겠소." 6 그래서 들
릴라가 삼손에게 물었다. "당신의 그 엄청난 힘은 어디서 나오지요? 어떻게 하면 당신을 묶어 꼼
짝 못 하게 할 수 있는지 말해 주세요." 7 삼손이 그에게 말해 주었다. "마르지 않은 푸른 칡 일
곱 매끼로 나를 묶으면, 내가 힘이 빠져서 여느 사람처럼 되지." 8 그리하여 블레셋 사람의 통치
자들이 마르지 않은 푸른 칡 일곱 매끼를 그 여자에게 가져다 주었고, 그 여자는 그것으로 삼손
을 묶었다. 9 미리 옆 방에 사람들을 숨겨 놓고 있다가, 그에게 "삼손, 블레셋 사람들이 당신에
게 들이닥쳤어요!" 하고 소리쳤다. 그러나 삼손은 그 밧줄을 불에 탄 삼 오라기를 끊듯이 끊어 버
렸다. 그의 힘의 비밀은 여전히 알려지지 않았다. 그러자 10 들릴라가 삼손에게 말하였다. "이
것 봐요. 당신은 나를 놀렸어요. 거짓말까지 했어요. 무엇으로 당신을 묶어야 꼼짝 못 하는지 말
해 주세요." 11 삼손이 그에게 말하였다. "한 번도 쓰지 않은 새 밧줄로 나를 꽁꽁 묶으면, 내가
힘이 빠져서 여느 사람처럼 되지." 12 들릴라는 새 밧줄을 가져다가 그것으로 그를 묶었다. 미리
옆 방에 사람들을 숨겨 놓고 있다가, 그에게 "삼손, 블레셋 사람들이 당신에게 들이닥쳤어요!" 하
고 소리쳤다. 그러나 삼손은 자기 팔을 묶은 새 밧줄을 실오라기 끊듯이 끊어 버렸다. 13 그러자
들릴라가 삼손에게 말하였다. "당신은 여전히 나를 놀리고 있어요. 여태까지 당신은 나에게 거
짓말만 했어요! 무엇으로 당신을 묶어야 꼼짝 못 하는지 말해 주세요." 삼손이 그에게 말하였다.
"내 머리칼 일곱 가닥을 베틀 날실에 섞어서 짜면 되지." 14 그 여자는 그것을 말뚝에 꽉 잡아
매고, 그에게 "삼손, 블레셋 사람들이 당신에게 들이닥쳤어요!" 하고 소리쳤다. 그러자 삼손이 잠
에서 깨어나 말뚝과 베틀과 천을 뽑아 올렸다. 15 들릴라가 그에게 또 말하였다. "당신은 마음을
내게 털어놓지도 않으면서, 어떻게 나를 사랑한다고 말할 수가 있어요? 이렇게 세 번씩이나 당
신은 나를 놀렸고, 그 엄청난 힘이 어디서 나오는지 아직 나에게 말해 주지 않았어요." 16 들릴
라가 같은 말로 날마다 끈질기게 졸라대니까, 삼손은 마음이 괴로워서 죽을 지경이 되었다. 17
하는 수 없이 삼손은 그에게 속마음을 다 털어 놓으면서 말하였다. "나의 머리는 면도칼을 대어
본 적이 없는데, 이것은 내가 모태에서부터 하나님께 바쳐진 나실 사람이기 때문이오. 내 머리털
을 깎으면, 나는 힘을 잃고 약해져서, 여느 사람처럼 될 것이오." 18 들릴라는 삼손이 자기에게
속마음을 다 털어놓은 것을 보고, 사람을 보내어 블레셋 사람의 통치자들에게 전하였다. "한 번

만 더 올라오십시오. 삼손이 나에게 속마음을 다 털어놓았습니다." 그러자 블레셋 사람의 통치자
들이 약속한 돈을 가지고 그 여자에게 올라왔다. 19 들릴라는 삼손을 자기 무릎에서 잠들게 한
뒤에, 사람을 불러 일곱 가닥으로 땋은 그의 머리털 을 깎게 하였다. 그런 다음에 그를 괴롭혀 보
았으나, 그의 엄청난 힘은 이미 그에게서 사라졌다. 20 그 때에 들릴라가 "삼손! 블레셋 사람들
이 들이닥쳤어요!" 하고 소리쳤다. 삼손은 잠에서 깨어나 "내가 이번에도 지난 번처럼 뛰쳐 나가
서 힘을 떨쳐야지!" 하고 생각하였으나, 주님께서 이미 자기를 떠나신 것을 미처 깨닫지 못하였
다. 21 블레셋 사람들은 그를 사로잡아, 그의 두 눈을 뽑고, 가사로 끌고 내려갔다. 그들은 삼손
을 놋사슬로 묶어, 감옥에서 연자맷돌을 돌리게 하였다. 22 그러나 깎였던 그의 머리털이 다시
자라기 시작하였다. 23 블레셋 사람의 통치자들이 그들의 신 다곤에게 큰 제사를 바치려고 함
께 모여 즐거워하며 떠들었다. "우리의 원수 삼손을 우리의 신이 우리의 손에 넘겨 주셨다!" 24
백성도 그를 보고 그들의 신을 찬양하며 소리쳤다. "우리 땅을 망쳐 놓은 원수, 우리 백성을 많
이 죽인 원수를 우리의 신이 우리 손에 넘겨 주셨다." 25 그들은 마음이 흐뭇하여, 삼손을 그 곳
으로 불러다가 자기들 앞에서 재주를 부리게 하라고 외쳤다. 사람들이 삼손을 감옥에서 끌어내
었고, 삼손은 그들이 보는 앞에서 재주를 부리게 되었다. 그들은 삼손을 기둥 사이에 세워 두었
다. 26 그러자 삼손은 자기 손을 붙들어 주는 소년에게 "이 신전을 버티고 있는 기둥을 만질 수
있는 곳에 나를 데려다 다오. 기둥에 좀 기대고 싶다" 하고 부탁하였다. 27 그 때에 그 신전에는
남자와 여자로 가득 차 있었는데, 블레셋 사람의 통치자들도 모두 거기에 있었다. 옥상에도 삼천
명쯤 되는 남녀가 삼손이 재주 부리는 것을 구경하려고 모여 있었다. 28 그 때에 삼손이 주님께
부르짖으며 간구하였다. "주 하나님, 나를 기억하여 주시기를 간절히 바랍니다. 하나님, 이번 한
번만 힘을 주시기를 간절히 바랍니다. 나의 두 눈을 뽑은 블레셋 사람들에게 단번에 원수를 갚게
하여 주십시오." 29 그런 다음에 삼손은 그 신전을 버티고 있는 가운데의 두 기둥을, 하나는 왼
손으로 또 하나는 오른손으로 붙잡았다. 30 그리고 그가 "블레셋 사람들과 함께 죽게 하여 주십
시오!" 하고 외치며, 있는 힘을 다하여 기둥을 밀어내니, 그 신전이 무너져 내려 통치자들과 모든
백성이 돌더미에 깔렸다. 삼손이 죽으면서 죽인 사람이, 그가 살았을 때에 죽인 사람보다도 더
많았다. 31 그의 형제들과 아버지의 집안 온 친족이 내려와서 그의 주검을 가지고 돌아가서, 소
라와 에스다올 사이에 있는 그의 아버지 마노아의 무덤에 묻었다. 그는 스무 해 동안 이스라엘의
사사로 있었다.

어느 교회 수련회에 강사로 초청되었을 때 일이다. 나는 “삼손아 일어나라”라는 주제로 비블리오드라마를 진행하였다. 워밍업을 한 후 성경본문을 읽고, 그룹을 나누고, 조각을 만들고, 장면을 상상하게 하였다. 이 과정을 통해 청년들이라 그런지 삼손이 왜 데릴라에게 빠졌으며, 데릴라는 왜 삼손을 그렇게 곤경에 빠지게 했는지가 주요 관심사로 떠올랐다.

삼손에게 집중적으로 던져진 질문은 ‘하나님을 섬기면서 어떻게 여자에게 빠졌느냐’는 것이었다. 삼손을 연기한 청년은 이렇게 말했다. “하나님도 좋지만 여자도 좋은 걸 어떻게 합니까?” 청년들은 웃음을 터트렸지만 자기 모습과 다를 바 없다는 생각에 이르자 자신의 이중성을 보게 되었다고 말했다. 그다음은 데릴라를 탐색해보았다. 블레셋 여자인 그녀는 민족의 이익을 위해, 경제적 이익을 위해, 가족의 안정을 위해 친족들로부터 사랑을 버리도록 강요받는 모습을 연기하였다. 여자들은 오늘날을 사는 여성의 실존적 모습을 데릴라에게 투영했다. 가족을 위해 희생을 강요당하고, 사랑과 경제적 욕망 사이에서 갈등하며, 연애와 결혼에 대해 고민하는 등 다양한 여성의 삶의 이야기가 쏟아져 나왔다.

비블리오드라마가 거의 끝나갈 무렵, 눈알이 빠진 채 감옥에 갇힌 삼손의 모습을 재현하게 하고 나는 이런 질문을 던졌다. “여러분이 삼손이라고 생각해봅시다. 만약 지금 데릴라가 다시 와서 눈물을 흘리며 용서를 구한다면 어떻게 하겠습니까?” 잠시 침묵이 흐른 뒤 남자들 사이에서는 데릴라를 용서해주겠다고 의견을 모았다. 남자들의 의견을 듣고 여자들은 어떻게 용서할 수 있느냐며 경악했다. 이내 격렬한 토론이 벌어졌고 비블리오드라마가 끝난 뒤 식사시간에도 토론이 계속되었다. 남녀의 특성, 연애, 신앙과 사랑, 결혼을 두고 일어난 부모님과의 갈등 등 청년들은 열띤 토론을 이어갔다. 성경본문이 청년들의 삶으로 성큼 들어서는 것을 목격하는 풍경이었다.

| 가인과 아벨_형제의 갈등

■ **창 4:1~15** 1 아담이 자기 아내 하와와 동침하니, 아내가 임신하여, 가인을 낳았다. 하와가 말
하였다. "주님의 도우심으로, 내가 남자 아이를 얻었다." 2 하와는 또 가인의 아우 아벨을 낳았
다. 아벨은 양을 치는 목자가 되고, 가인은 밭을 가는 농부가 되었다. 3 세월이 지난 뒤에, 가인은
땅에서 거둔 곡식을 주님께 제물로 바치고, 4 아벨은 양 떼 가운데서 맏배의 기름기를 바쳤다.
주님께서 아벨과 그가 바친 제물은 반기셨으나, 5 가인과 그가 바친 제물은 반기지 않으셨다. 그
래서 가인은 몹시 화가 나서, 얼굴빛이 달라졌다. 6 주님께서 가인에게 말씀하셨다. "어찌하여
네가 화를 내느냐? 얼굴빛이 달라지는 까닭이 무엇이냐? 7 네가 올바른 일을 하였다면, 어찌하
여 얼굴빛이 달라지느냐? 네가 올바르지 못한 일을 하였으니, 죄가 너의 문에 도사리고 앉아서,
너를 지배하려고 한다. 너는 그 죄를 잘 다스려야 한다." 8 가인이 아우 아벨에게 말하였다. "우
리, 들로 나가자." 그들이 들에 있을 때에, 가인이 그의 아우 아벨을 쳐죽였다. 9 주님께서 가인
에게 물으셨다. "너의 아우 아벨이 어디에 있느냐?" 그가 대답하였다. "모릅니다. 제가 아우를 지
키는 사람입니까?" 10 주님께서 말씀하셨다. "네가 무슨 일을 저질렀느냐? 너의 아우의 피가 땅
에서 나에게 울부짖는다. 11 이제 네가 땅에서 저주를 받을 것이다. 땅이 그 입을 벌려서, 너의
아우의 피를 너의 손에서 받아 마셨다. 12 네가 밭을 갈아도, 땅이 이제는 너에게 효력을 더 나
타내지 않을 것이다. 너는 이 땅 위에서 쉬지도 못하고, 떠돌아다니게 될 것이다." 13 가인이 주
님께 말씀드렸다. "이 형벌은, 제가 짊어지기에 너무 무겁습니다. 14 오늘 이 땅에서 저를 쫓아
내시니, 하나님을 뵙지도 못하고, 이 땅 위에서 쉬지도 못하고, 떠돌아다니게 될 것입니다. 그렇
게 되면, 저를 만나는 사람마다 저를 죽이려고 할 것입니다." 15 주님께서 그에게 말씀하셨다.
"그렇지 않다. 가인을 죽이는 자는 일곱 갑절로 벌을 받을 것이다." 주님께서는 가인에게 표를
찍어 주셔서, 어느 누가 그를 만나더라도, 그를 죽이지 못하게 하셨다.

오후 수업은 졸음과의 싸움이다. 수업을 맡은 교수는 학생들이 졸음에 빠지지 않도록 할 묘책을 구하려고 애쓰기 마련이다. '성서와 이야기' 수업 시간도 마찬가지였다. 나는 학생들에게 그룹을 나누어 가족 갈등에 대해 이야기하도록 지시했다. 다양한 이야기 끝에 형제 간 갈등이 등장했다. 나는 자연스럽게 형제 간 갈등을 보여주는 가인과 아벨의 이야기를 비블

리오드라마 형식으로 시도했다.

가인 역을 맡은 학생과 아벨 역을 맡은 학생은 하나님께 제물을 드리는 모습을 연기하였다. 그런데 가인의 연기가 하늘로 올라가지 않자 아벨이 한마디 한다. "아, 형. 잘 좀 해봐. 그러니까 맨날 야단맞지." 학생들은 그 장면을 심각하게 바라보고 있었다. 학생들은 성경의 이야기와 자신의 이야기, 그리고 주변의 실존적 모습을 머릿속에 번갈아 떠올리고 있었다.

"이 둘의 어린 시절은 어땠을까요?" 나는 이 둘의 어린 시절을 그려나가기 시작했다. 놀이를 하다가 다툼이 벌어지고, 부모에게 야단까지 맞자 동생 역을 맡은 학생은 말했다. "아, 짜증나. 형! 잘 좀 해봐." 그 순간 학생들의 얼굴이 더욱 굳어졌다. 나는 자연스럽게 다음 질문을 하였다. "이렇게 동생이나 형제에게 듣기 싫은 말을 듣고 분노한 적이 있다면 손을 들어보세요. 동생 역을 맡은 아벨에게 한마디씩 해보세요." 그러자 그동안 잘난 동생에게 하지 못했던 말들이 쏟아졌다. "야! 너만 잘 났냐?" "네가 인간이냐?", "너 때문에 내가 인생이 꼬였다." 잠시 후 나는 말했다. "그래서 여러분 가운데 정말 동생을 죽인 사람은 누구입니까?" 교실은 일순간 조용해졌다.

나는 말을 이어 나갔다. "인간은 누구나 타인에게 분을 품을 수 있습니다. 그게 가족이라도 분노로 몸서리칠 때가 있습니다. 그러나 그 분을 속으로 품는 것과 실제 살인으로 행하는 것은 큰 차이가 있습니다. 우리의 신앙은 그런 인간의 마음, 나의 죄의 속성을 극복하는 과정입니다. 그리스도인은 본능대로 사는 것이 아니라 신앙적 방법을 찾고자 노력하는 사람입니다. 그 모델은 예수님이시며, 예수님의 정신으로 우리 삶의 난제를 풀어가는 것이 기독청년의 모습이지 않겠습니까?"

| 알곡과 쭉정이_누가 알곡이고 누가 쭉정이인가!

■ **마 13:36~43** 36 그 뒤에 예수께서 무리를 떠나서, 집으로 들어가셨다. 제자들이 그에게 다가와서 말하였다. "밭의 가라지 비유를 우리에게 설명하여 주십시오." 37 예수께서 말씀하셨다. "좋은 씨를 뿌리는 이는 인자요, 38 밭은 세상이다. 좋은 씨는 그 나라의 자녀들이요, 가라지는 악한 자의 자녀들이다. 39 가라지를 뿌린 원수는 악마요, 추수 때는 세상 끝 날이요, 추수꾼은 천사들이다. 40 가라지를 모아다가 불에 태워 버리는 것과 같이, 세상 끝 날에도 그렇게 할 것이다. 41 인자가 천사들을 보낼 터인데, 그들은 죄짓게 하는 모든 일들과 불법을 행하는 모든 사람들을 자기 나라에서 모조리 끌어 모아다가, 42 불 아궁이에 쳐 넣을 것이다. 그러면 그들은 거기서 울며 이를 갈 것이다. 43 그 때에 의인들은 그들의 아버지의 나라에서 해와 같이 빛날 것이다. 귀 있는 사람은 들어라."

알곡과 쭉정이 이야기는 신앙인이라면 너무나 익숙한 이야기이다. 어느 날 비블리오드라마에 관심을 갖게 된 십여 명의 교수님 및 사역자와 이 본문으로 비블리오드라마를 진행하게 되었다. 먼저 본문을 읽은 뒤 알곡과 쭉정이란 단어가 쓰인 종이 두 장을 놓았다. 그리고 아무 전이해(前理解) 없이 끌리는 단어에 서보게 하였다.

"나는 항상 알곡이라 생각하고 살았는데 오늘은 쭉정이에 서볼래.", "난 알곡들에게 너무 당했어.", "신앙인이라면 알곡에 서야지." 다양한 이유로 그룹이 나뉘었다. 나는 각자 단어에 맞는 행동을 취해 보라고 지시했다. 쭉정이 그룹은 술을 마시고, 잠을 자고, 비틀거리는 모습 등을 정지 화면으로 조각하여 보여주었다. 참여자들은 각 그룹의 조각을 관찰하고 느낌을 나누었다. "가난한 사람처럼 보여요.", "힘든 사람들 같아요.", "노숙자들의 모습 같아요.", "게으른 사람 같아요."

반면 알곡 그룹은 노래 부르는 사람, 기도하는 사람, 공부하는 사람 등의 모습을 조각했다. 알곡의 모습을 조각한 그룹을 본 참여자들에게서는 “우리들의 일상 모습 같아요.”, “모범생 같아요.”, “가증스러워 보여요. 신앙 좋은 척하는 사람 같아요.”와 같은 반응이 나왔다. 이 상황을 역할을 바꾸어 해보도록 지시했다. 그러자 노숙자나 방탕한 자나 게으른 사람들을 편견의 눈으로 바라보고, 쉽게 그들을 쭉정이라고 판단해온 것을 반성하는 목소리가 이어졌다. 바른 생활을 하면서 알곡이라고 자만하던 삶을 고백하기도 했다. 교회 내 알곡이라 지칭하던 사람들과 부딪쳐 피해를 본 경험도 나왔다. 비블리오드라마는 이렇게 각자가 삶의 모습을 투영하게 만들어 삶과 신앙에 대해 뒤돌아보는 기회가 되기도 한다.

| 모세의 탄생_칠흑 같은 어둠 속에 모인 여인들

■ **출 2:1~10** 1 레위 가문의 한 남자가 레위 가문의 한 여자를 아내로 맞이하였다. 2 그 여자가
임신을 하여 아들을 낳았는데, 그 아이가 하도 잘 생겨서, 남이 모르게 석 달 동안이나 길렀다. 3
그러나 더 이상 숨길 수가 없어서, 갈대 상자를 구하여다가 역청과 송진을 바르고, 아이를 거기
에 담아 강가의 갈대 사이에 놓아 두었다. 4 그 아이의 누이가 멀찍이 서서, 아이가 어떻게 되는
지를 지켜 보고 있었다. 5 마침 바로의 딸이 목욕을 하려고 강으로 내려왔다. 시녀들이 강가를
거닐고 있을 때에, 공주가 갈대 숲 속에 있는 상자를 보고, 시녀 한 명을 보내서 그것을 가져 오
게 하였다. 6 열어 보니, 거기에 남자 아이가 울고 있었다. 공주가 그 아이를 불쌍히 여기면서 말
하였다. "이 아이는 틀림없이 히브리 사람의 아이로구나." 7 그 때에 그 아이의 누이가 나서서 바
로의 딸에게 말하였다. "제가 가서, 히브리 여인 가운데서 아기에게 젖을 먹일 유모를 데려다 드
릴까요?" 8 바로의 딸이 대답하였다. "그래, 어서 데려오너라." 그 소녀가 가서, 그 아이의 어머
니를 불러 왔다. 9 바로의 딸이 그에게 말하였다. "이 아이를 데리고 가서, 나를 대신하여 젖을
먹여 다오. 그렇게 하면, 내가 너에게 삯을 주겠다." 그래서 그 여인은 그 아이를 데리고 가서 젖
을 먹였다. 10 그 아이가 다 자란 다음에, 그 여인이 그 아이를 바로의 딸에게 데려다 주니, 공주
는 이 아이를 양자로 삼았다. 공주는 "내가 그를 물에서 건졌다" 하면서, 그의 이름을 모세라고
지었다.

[모세를 떠나보내던 밤]

모세의 탄생을 알리는 성경말씀을 벽에 붙이고 질문을 하게 하였다. "잘생긴 게 어떻게 생긴 걸 말하는 거죠?", "석 달 동안 아이를 어디에 숨겼을까?", "우는 소리를 어떻게 안 들키게 했을까?", "파라오의 딸은 왜 밖에서 목욕을 했을까? 궁전에 목욕탕이 없나?", "파라오의 성격은 어땠을까?", "왜 아이를 버리는 장소에 여자만 있을까요? 남자들이 집안에 무슨 일이 생기면 항상 없어지는 것처럼." 이런 질문을 하면서 사람들은 본문에 몰입하기 시작했다.

나는 여성 네댓 명을 불러 앞으로 나오게 하고 그 앞에 바구니와 아기를 상징하는 포대기를 놓았다. 그리고 말했다. "칠흑과 같은 밤, 여인들은 아이를 보내야 했습니다. 아무 소리도 내지 못하고 엄마와 누이가 되어 아이를 보냅니다." 참여자들은 차례로 포대기를 안아보았다. 그리고 다음 사람에게 넘기면서 아이에게 하고 싶은 말을 하였다. 그러면 나는 아이의 목소리로 답을 하였다.

"아이야, 미안해." (그러면 왜 나를 버리시죠?)
"엄마가 나쁘다. 널 지켜주지 못해서." (엄마와 헤어지기 싫어요)
"누군가 너를 잘 키워 주실 거야." (항상 그런 말을 쉽게 하시죠.)

이 과정이 끝나자 아이가 담긴 바구니를 문밖에 놓았다. 여성들은 그 바구니가 떠나가는 것을 지켜보았다. 그리고 마지막 인사를 했다. "하나님이 널 지켜줄 거야.", "엄마가 미안하다.", "아가야, 아가야..."

문이 닫히자 다리에 힘이 풀린 여자들이 하나둘씩 쓰러졌다. 나는 두 명씩 짝을 지어 서로를 안게 했다. 여자들은 아기를 버린 죄책감과 현실의 자녀에게 상처를 줬던 기억으로 인해 고통스러워했다.

잠시 시간이 지나고 사람들을 바닥에 눕게 했다. 그들의 슬픔과 아픈 기억을 가라앉히고 나는 다시 지시를 내렸다. "자신의 가장 어린 시절을 기억해보십시오. 몇 살 때였습니까? 두

살? 세 살? 당신은 어떤 어린아이였습니까?", "이제 여러분은 아기 모세가 되어 보시기 바랍니다. 강물에 떠 있는 아이는 작은 물이라도 바다처럼 느낄 수 있습니다. 바구니 사이로 물이 들어오지는 않습니까? 바구니 사이로 하늘은 보입니까? 당신의 어머니는 왜 당신을 버렸을까요?" 그런 다음 짝을 지어 나누기를 하였다. 그들은 어머니로서 깊은 슬픔을 느낀 순간을 나누기 시작했다. "외국에 있는 아들이 생각났어요.", "유산한 애가 생각나서 너무 힘들었어요.", "내가 어릴 때 부모님이 안 계셨다는 것이 이제야 기억났어요."

[파라오의 딸에 대한 탐색]

참여자 중에서 파라오의 딸 역할을 맡을 사람을 초청하고 관객들이 파라오의 딸에게 질문을 하게 하였다. "당신은 왜 밖에서 목욕을 하시나요?", "당신의 아버지는 당신을 사랑하나요?", "당신 노출증 있는 것 아닌가요?"

파라오의 딸은 자기의 상상으로 대답을 한다. 이후 바구니에 든 아이를 만나고 그 아이를 맡길 보모를 찾는다. 성경에 나와 있는 대로 모세의 누이가 보모가 되어 모세를 기르게 된다.

[모세와 엄마와의 해후]

모세를 안아 든 엄마에게 모세의 머리에 손을 얹고 기도를 하도록 한다. "하나님. 이 아이를 당신이 돌보아주세요." 이후 모세의 누이도 모세를 위해 축복하게 한다. "내 동생 모세야. 이 누나가 지켜줄게"

나는 이 시점에서 예수님을 초대했다. 예수님과 연관성을 찾게 만들어 참여자의 신앙에 도움을 주기 위함이자 극적인 마무리를 위해 시공간을 넘어 등장인물을 만들어낸 것이다. 이 경우처럼 예수님이 등장할 수도 있고 참여자들 중 실제로 가족을 잃은 사람이 모세에게 위로할 수도 있을 것이다. "여러분 중 예수님이 되어 모세를 축복해주실 분 있으십니까?" 관객 중 한 사람이 나오고 모세를 축복한다. 그렇게 몇 명의 참여자들이 나와서 자기 나름의 예수님을 연기하였다. "인생이 힘들지? 어린 네가 고생이 많다. 하지만 너의 삶이 너의 민족과 가족에게 축복의 삶이 될 것이다.", "너의 고통이 거름이 되어 너의 삶을 튼튼하게 만들 것이다. 네가 민족을 구하고 믿음의 조상이 되는 첫걸음이 될 것이다."

예수님이 되어 참여자들이 하는 기도와 축복은 모세에게 주는 것이자 우리 모두에게 주는 말씀이며, 예수님의 역할을 한 자신에게 하는 기도문이 되어가고 있었다.

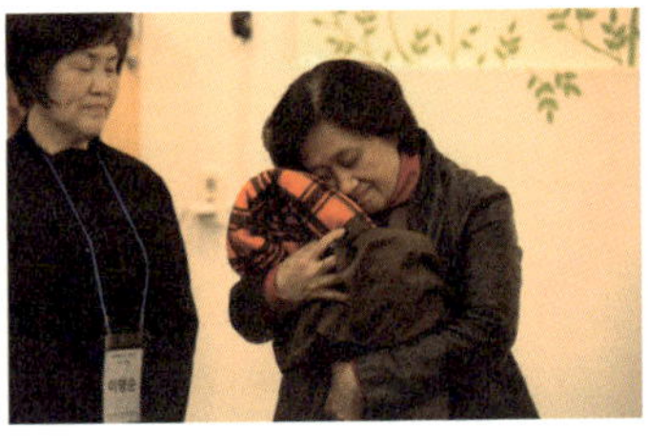
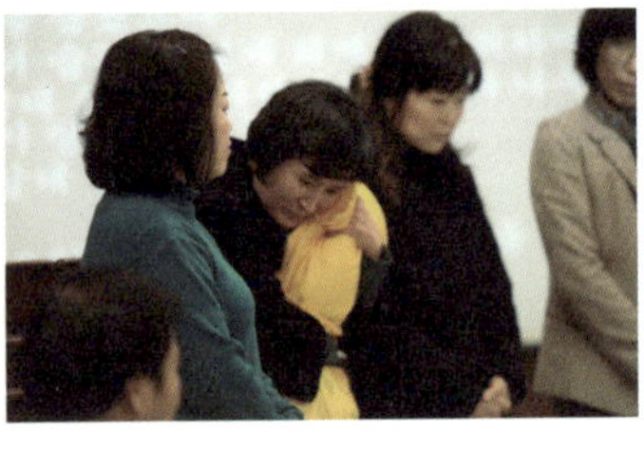

| 팔복_가난이 복일 수 있을까?

■ **마 5:1~12** 1 예수께서 무리를 보시고, 산에 올라가 앉으시니, 제자들이 그에게 나아왔다. 2 예수께서 입을 열어서 그들을 가르치셨다. 3 "마음이 가난한 사람은 복이 있다. 하늘 나라가 그들의 것이다. 4 슬퍼하는 사람은 복이 있다. 하나님이 그들을 위로하실 것이다. 5 온유한 사람은 복이 있다. 그들이 땅을 차지할 것이다. 6 의에 주리고 목마른 사람은 복이 있다. 그들이 배부를 것이다. 7 자비한 사람은 복이 있다. 하나님이 그들을 자비롭게 대하실 것이다. 8 마음이 깨끗한 사람은 복이 있다. 그들이 하나님을 볼 것이다. 9 평화를 이루는 사람은 복이 있다. 하나님이 그들을 자기의 자녀라고 부르실 것이다. 10 의를 위하여 박해를 받은 사람은 복이 있다. 하늘 나라가 그들의 것이다. 11 너희가 나 때문에 모욕을 당하고, 박해를 받고, 터무니없는 말로 온갖 비난을 받으면, 복이 있다. 12 너희는 기뻐하고 즐거워하여라. 하늘에서 받을 너희의 상이 크기 때문이다. 너희보다 먼저 온 예언자들도 이와 같이 박해를 받았다."

목회자들을 대상으로 비블리오드라마를 진행했다. 본문은 '산상수훈' 또는 '팔복'으로 일컬어지는 마태복음 5장 1-12절이었다. 이렇게 비서사적 본문으로 비블리오드라마를 진행하는 경우에는 단어 찾기와 단어 선택하기 활동을 한 후 드라마로 들어가 삶의 이야기와 성경 텍스트를 연결시킬 수 있다. 먼저 본문에서 팔복을 의미하는 단어를 찾아 종이에 써서 바닥에 깔았다. 그런 다음 참여자들이 자신에게 끌리는 단어를 선택하게 하였다. 가난, 애통, 온유, 의에 주림, 긍휼, 청결, 화평, 의로 인한 핍박 등 각 단어마다 두세 명의 참여자들이 모여 이야기를 나누었다.

'가난'을 선택한 목사님 한 분이 "전 가난이 싫습니다."라고 이야기를 꺼내었다. 부모님의 가난으로 어려웠던 자신의 어린 시절 이야기에서부터 가난을 이기기 위해 몸부림 친 이야기까지 말을 이어가면서 그는 눈물을 흘리기까지 하였다. '의로움'이란 단어에 선 목회자는 부교역자 시절 교회에 분란이 일어났을 때 자신은 의롭다고 생각한 행동을 했지만 결국은 교회에서 쫓겨나고만 사연을 털어놓았다. 참여자들이 경험한 다양한 이야기를 쏟아놓은 뒤 그중 한 이야기를 가지고 역할극을 하였다. 그러자 가난한 자에게 복이 있다고 쉽게 말한 점, 슬퍼하는 사람을 외면한 점, 의에 서지 못하고 자신의 보신만을 생각한 점 등 다양한 반성과 회개가 쏟아졌다. 이 날 참여자들은 성경에 나온 팔복의 의미를 다시금 새기게 되었다.

| 겨자씨의 비유_하나님 나라는 어디에 있는가?

■ **막 4:30~32** 30 예수께서 또 말씀하셨다. "우리가 하나님의 나라를 어떻게 비길까? 또는 무슨 비유로 그것을 나타낼까? 31 겨자씨와 같으니, 그것은 땅에 심을 때에는 세상에 있는 어떤 씨보다도 더 작다. 32 그러나 심고 나면 자라서, 어떤 풀보다 더 큰 가지들을 뻗어, 공중의 새들이 그 그늘에 깃들일 수 있게 된다."

하나님 나라 비유를 가지고 비블리오드라마를 진행했다. 먼저 30절의 '하나님 나라'를 어떻게 생각하는지 참여자들이 생각을 나누게 했다. 내가 생각하는 하나님 나라는 무엇인가? 언제 하나님 나라에 대해 들어 보았는가? 언제 하나님 나라에 대해 생각하게 되는가? 등등.

그리고 준비한 작은 씨를 하나씩 나누어 주면서 31절로 들어갔다. 씨가 없다면 휴지를 작게 말아서 손에 쥐고 시작해도 된다. 오른손에 씨를 높이 들고 왼손은 가슴 앞에 펴놓고 있도록 한다. 나는 다음과 같이 말했다. "여러분은 지금부터 작은 씨가 되는 겁니다. 그 씨가 되어서 땅에 심겨지기까지 어떻게 날아서 왔나요? 천천히 땅으로 가보세요." 참여자들은 씨를 천천히 왼손 위로 올려놓았다. 오른손을 높이 들고 씨를 왼손바닥에 올려놓기까지 걸리는 시간을 통해 참여자의 마음속에 겨자씨의 작은 무게와 바람 속에서 가냘프게 날아다니는 이미지가 그려진다.

왼손에 겨자씨를 올리고 나는 다음과 같이 말했다. "지금부터 여러분은 땅이 되어 겨자씨에게 이야기를 시작해 봅니다." 참여자들은 손에 쥔 겨자씨에게 말한다. "잘 자라라.", "네가 뿌리가 잘 내리지 못하는 땅이라서 미안하다.", "난 너를 기다렸단다."

참여자들을 5-10명씩 그룹으로 나누고 32절로 들어갔다. "가장 작은 씨가 가장 큰 나무로 자라는 모습을 보여주시기 바랍니다." 나의 지시에 각 그룹은 씨가 자라는 모습을 다양하게 만들어 보여주었다. 완성된 나무를 구석구석 둘러보고 각자가 느끼고 본 대로 말했다. "자세히 보니까 나무가 부실해요.", "견고한 나무 같아요.", "나무의 뿌리가 없어요. 화려한 모습과 달리 기초는 약해요." 나는 관객 몇에게 새가 되어 만들어진 나무에 가서 깃들여 보라고 지시했다. 참여자들은 나무 조각에 기대기도 하고 매달리기도 하고 나무속에 앉아보기도 했다. 그리고 새로서 느끼는 나무에 대해서 말했다. "새가 쉬기에는 너무 약해요. 새가 오랫동안 깃들 수는 없어요.", "나무속에서 쉬어 보니까 나무가 울창해요. 내가 편하게 쉴 곳 같아요.", "내가 매달리니까 나무가 힘들어 해요."

이후 각 그룹별로 나누기를 했다. 진행 과정과 나누기 시간에 참여자들은 다양한 모습을 보여주었다. 씨를 들고 내려오면서 눈물을 흘리는 사람이 있는가 하면 왼손에 올린 작은 씨를 두 손으로 들고 입김을 호호 불면서 조심스레 다루는 사람도 있었다. 작은 씨가 자신이라고 생각할 수도 있으며 신앙이라고 생각할 수도 있다. 작은 씨에서 나무가 된 모습은 가정이나 교회로 볼 수도 있다. 허술한 교회, 견고하지 못한 교회, 서로 연결되지 못한 교회의 모습이나 공동체가 연상된다. 그 집에 깃드는 새가 된 참여자들은 건강한 안식처를 찾아다니거나 쉼이 필요한 자신의 모습을 발견하기도 한다. 또는 새들을 이단이나 나쁜 사람들로 보기도 한다. 하나님 나라 비유는 참여자 각자에게 주관적인 의미로 다가온다. 각자 내적 이미지를 통해 다양한 형상으로 보게 되는 것이다. 이 과정을 통해 참여자는 자신과 교회, 가정과 공동체 속에서 하나님 나라가 무엇인지 묵상하게 된다

| 잃어버린 드라크마_주인님은 나를 찾을 수 있을까?

■ **눅 15:8~10** 8 "어떤 여자에게 드라크마 열 닢이 있는데, 그가 그 가운데서 하나를 잃으면, 등불을 켜고, 온 집안을 쓸며, 그것을 찾을 때까지 샅샅이 뒤지지 않겠느냐? 9 그래서 찾으면, 벗과 이웃 사람을 불러모으고 말하기를 '나와 함께 기뻐해 주십시오. 잃었던 드라크마를 찾았습니다' 할 것이다. 10 내가 너희에게 말한다. 이와 같이 회개하는 죄인 한 사람을 두고, 하나님의 천사들이 기뻐할 것이다."

잃어버린 드라크마 예화로 비블리오드라마를 했다. 나는 참여자들이 이 예화에 대해 얼마나 아는지 질문부터 했다. 이 말씀에 대해 몇 번이나 들어보았는지, 혹은 이 말씀으로 설교나 성경공부를 해보았는지 말이다. 참여자들이 이 텍스트에 대해 아는대로 말하고 서로 듣는 과정을 통해 먼저 말씀에 집중하는 시간을 갖게 하는 것이다.

그다음 본문에 대해 설명했다. "한 주인이 열 드라크마가 있는데 그중 한 드라크마를 잃어버렸다고 합니다. 그 드라크마는 어디에 숨었을까요? 이제부터 여러분은 드라크마가 되어서 이 방 어느 장소든지 숨어보시기 바랍니다." 참여자들은 준비된 천을 가지고 피아노 아래, 책상 밑, 강대상 뒤 등으로 가서 천을 뒤집어쓰고 숨었다.

나는 돌아다니며 몇 사람에게 질문을 했다. "여기가 어딘가요?", "여기 있은지 얼마나 되었나요?", "여기 장소가 어때요?", "주인이 찾을까요?" 참여자들은 동전의 입장이 되어 말했다. "여기는 문틈이요.", "여기는 책상 밑이요.", "장롱이요.", "이 곳도 살만해요", "언제 가는 찾겠지요." 진행자가 이렇게 질문을 던지면 참여자는 역할에 따른 답을 하면서 역할에 몰입하게 된다.

나는 또 질문했다. "여러분은 그 장소에서 어떤 기분이 듭니까?", "주인을 기다리시고 있나요? 주인은 여러분을 찾고 계실까요?" 그다음 몇 사람에게 찾아다니며 질문했다. "여기 있어 보니까 어떠세요?", "얼마나 시간이 지났나요?", "주인이 원망스럽지 않나요?" 참여자들은 각자 느끼는 대로 혹은 생각나는 대로 말했다. "일주일이요", "오 년이요", "주인을 잊었어요.", "이제 저 혼자 살아야지요." 역할에 몰입하면서 참여자의 말 속에는 자신의 실존적 모습이 투영된다.

나는 빈 의자를 놓은 다음 참여자들에게 말했다. "여기 주인님이 있습니다. 이 주인님에게 하고 싶은 말을 해 보실 분 있습니까?" 그리고 자발성이 올라온 한 참여자에게 대답을 권했다. "왜 저를 찾지 않으셨나요?", "여기가 너무 답답해요. 전 꼼짝할 수 없어요.", "저는 당신에게 갈 수 없어요. 그렇다고 당신에게 이곳으로 오라고도 할 수 없어요." 나는 한 명을 불러내어 주인의 자리에 서게 했다. 역할 바꾸기를 시도한 것이다. 주인의 입장에서 자신에게 말을 하게 하면 자신이 했던 드라크마의 질문에 답을 하게 된다. 이 지점에서 상호작용을 위해 몇 번의 역할 바꾸기를 시도하거나 드라크마 역할을 맡고 있는 참여자의 등 뒤로 가서 느끼는 심정을 말로 표현하게 한다. 이 과정을 통해 극에 몰입이 더욱 높아진다.

이후 진행자는 성경본문을 다시 읽어주고 말씀이 어떻게 느껴지는지 나누기를 할 수 있다. 이때 말씀에 대한 생생한 고백이 나오고 각자의 삶의 이야기도 나누는 시간이 된다.

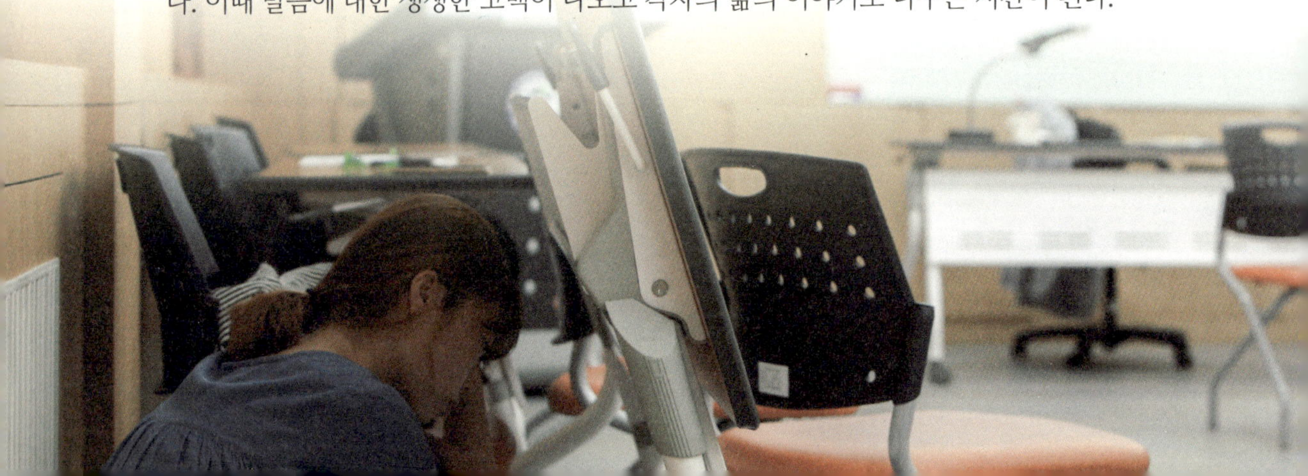

| 선악과_유혹과 반항

■ **창 3:1~6** 1 뱀은, 주 하나님이 만드신 모든 들짐승 가운데서 가장 간교하였다. 뱀이 여자에게 물었다. "하나님이 정말로 너희에게, 동산 안에 있는 모든 나무의 열매를 먹지 말라고 말씀하셨느냐?" 2 여자가 뱀에게 대답하였다. "우리는 동산 안에 있는 나무의 열매를 먹을 수 있다. 3
그러나 하나님은, 동산 한가운데 있는 나무의 열매는, 먹지도 말고 만지지도 말라고 하셨다. 어기면 우리가 죽는다고 하셨다." 4 뱀이 여자에게 말하였다. "너희는 절대로 죽지 않는다. 5 하나
님은, 너희가 그 나무 열매를 먹으면, 너희의 눈이 밝아지고, 하나님처럼 되어서, 선과 악을 알게 된다는 것을 아시고, 그렇게 말씀하신 것이다." 6 여자가 그 나무의 열매를 보니, 먹음직도 하고, 보암직도 하였다. 그뿐만 아니라, 사람을 슬기롭게 할 만큼 탐스럽기도 한 나무였다. 여자가 그 열매를 따서 먹고, 함께 있는 남편에게도 주니, 그도 그것을 먹었다.

창세기 3장에는 인간의 탄생과 선악과 이야기가 펼쳐진다. 등장 인물은 뱀과 이브, 아담과 하나님 넷뿐이라 단순하지만 인간 삶의 이야기의 원형적 구조에 가깝다. 인간의 삶에 일어날 법한 절체절명의 위기를 담은 이야기는 언제나 긴장감을 내포한다. 뱀의 이야기는 우리를 항상 유혹하는 수많은 세상의 손길로 보이며, 이브의 모습에서 유혹 앞에 흔들리는 우리의 모습을 볼 수 있다.

그중 이브와 뱀만 등장하는 1-4절을 가지고 비블리오드라마를 해 보자. 먼저 다양한 질문을 던질 수 있다. 뱀은 언제 탄생했나? 이브를 얼마 동안 보고 있었을까? 뱀은 하나님에게 불만이 없었을까? 아담은 어디 갔지? 이브는 아담에게 선악과를 어떻게 전달했지? 등등. 선악과를 손에 든 이브의 말은 우리 마음을 대변한다. 어느 교회 청소년 수련회 시간에 모자를

푹 눌러 쓰고 사람들의 시선을 피하는 여고생 한 명이 이브 역할을 맡아 선악과를 손에 들었다. 그리고 말하기 시작했다. “하나님, 하나님은 항상 이러시죠? 이렇게 제가 힘들고 어찌할까 몰라 할 때 아무 말씀도 없네요? 제가 하나님을 그렇게 찾았는데.......” 얼굴을 가린 모자 밑으로 눈물을 흘리는 그녀의 모습이 들어왔다.

어느 여대생 집단을 대상으로 비블리오드라마를 진행했을 때의 일이다. 신앙이 없는 집단이라도 워밍업이 잘 되면 성경으로 어떤 작업을 해도 거부감이 없다. 관건은 진행자가 얼마나 재미와 흥미를 촉발시키느냐에 달렸다. 먼저 전지에 본문을 써서 붙이고 그 위에 자유롭게 그림을 그리게 했다. 어느 청년이 성경본문에 크레파스를 쭈욱 그었다. 그런데 그 선 끝에는 “죽을까 하노라”라는 본문이 적혀 있었다. 간단한 작업이었지만 어느 여학생에게는 그 구절이 자신의 죽음을 걱정하는 하나님의 목소리로 들렸던 것이다. 그녀는 얼마 전 원치 않은 임신 때문에 죽을 만큼 큰 고통 속에 살고 있었다고 드라마 작업 이후 이야기를 들려주었다. 이럴 때는 비블리오드라마에서 상담으로 이어지기도 한다.

시대 변화가 성경말씀에 대한 새로운 시각을 제공하기도 한다. 이브가 아담에게 선악과를 권유하는 모습은 대체적으로 슬프고 안타까워 보였다. “아담, 나 어쩌면 좋아 내가 하나님이 먹지 말라는 선악과를 먹었는데...”, “여보, 당신도 나와 함께 해주면 좋겠어. 난 너무 두려워.” 그러나 시대가 변해 여성의 인권이 높아지자 아담에게 당당하게 강요하는 이브의 모습도 나타나기 시작했다. “여보, 나도 먹었으니 당신도 먹어!”, “네가 내 옆에서 말리지 않았으니까 내가 먹은거잖아. 그러니 당신도 책임을 져.”, “먹을래, 맞을래.”

모 교회 학생부 수련회 때 있었던 일이다. 아담과 이브가 선악과를 먹고 죄책감에 떨며 에덴 동산에서 벌거벗은 상태로 마지막 밤을 보내고 있었다. 학생 중 한 명이 하나님이 되어서 아담과 이브를 어루만지며 위로하는 역할을 맡았다. 그 학생은 하나님의 역할에 몰입하며 말하였다. "힘들지. 미안하다. 너를 끝까지 돌봐주지 못해서. 내가 너희를 사랑한단다. 이 옷을 입고 세상으로 나가렴. 내가 앞으로는 너희를 내버려 두지 않을 것이다. 내가 너희와 함께 하겠다." 하나님 역할을 맡은 학생은 형편이 어려워 힘든 시기를 보내고 있었다. 하나님의 역할을 맡아 하는 말이 그 학생 자신을 위로하는 말이라는 것을 모든 학생들도 느끼고 있었다. 그리고 학생들은 그 자리에 모여 있던 모든 이를 위로하는 하나님이 말로도 받아들였다. 학생들은 숙연해졌다. 나는 그들에게 서로가 하나님이 되어서 위로하라고 지시하였다. "많이 힘들지..." , "그래, 내가 네 마음을 안다." 그러자 여기저기서 우는 소리가 터져 나왔다.

이렇게 말씀이 우리 모두의 삶과 신앙에 깊게 연관될 때 창세기의 한 장면은 저 멀리의 이야기가 아니라 지금 여기, 우리의 이야기가 된다. 아담과 이브를 위로하는 하나님, 여기 모여 있는 나와 우리를 위로하는 하나님이 동일하신 분이라는 사실을 깊게 느끼며 살아 움직이는 성경을 경험하는 시간이었다.

동화, 영화, 역사로 비블리오드라마 하기

동화나 영화 혹은 역사 속 위인 이야기로 비블리오드라마를 진행해보자. 사람들은 오래 전부터 들어온 익숙한 이야기를 접할 때 흔히 '안다'고 표현한다. 그러나 비블리오드라마는 머리로 알고 이해하는 것을 넘어 본문 속으로 뛰어 들어간다. 그리고 그 안에 존재하는 사물과 인물에 살아있는 목소리를 부여하며 말을 건넨다. "청개구리야, 너의 아버지는 어디 계시니?", "로미오씨, 당신의 부모는 어떤 사람이었나요?", "아담, 당신은 아내 이브의 사건을 처음 들었을 때 어떤 느낌이었나요?"

I 동화로 하는 비블리오드라마

내가 가장 많이 활용하는 동화는 단연 '청개구리 이야기'이다. 짧지만 다양한 궁금증을 자아낼 수 있기 때문이다. '청개구리 아버지는 어디에 있는가?', '죽었을까? 일을 나갔을까?'에서부터 '청개구리가 처음부터 말을 듣지 않았을까? 무슨 일 때문에 말을 듣지 않았을까?' 등 다양한 질문과 상상을 이끌어내는 데 효과적이다. 나는 참여자들에게 이 동화를 읽게 하고 한 문장씩 쪼개어 끌리는 문장에 서게 한다. 각 문장을 선택한 이들을 한 그룹으로 묶어 조각을 만들도록 지시한다. 그 후 가장 많은 참여자들이 선택한 한 문장으로 첫 장면을 삼아 비블리오드라마를 전개한다.

첫 장면을 어디서 시작하느냐는 상황과 대상에 따라 다양할 수 있다. 아들 청개구리가 밖에 나가려하자 엄마 청개구리가 말리는 장면, 엄마 청개구리가 아들 청개구리에게 심부름을 시키지만 아랑곳 않고 나가 놀기만 하는 장면, 아들 청개구리가 죽은 엄마 청개구리를 회상하면서 빗물에 무덤이 쓸려 내려갈까 안절부절하는 장면, 혹은 장례를 치르기 위해 청개구리가 엄마 청개구리를 옆에 두고 땅을 파는데 옆집 개구리들이 잔소리를 하는 장면에서 시작하기도 한다.

참여자들은 아들 청개구리가 엄마의 말을 듣지 않는 이유가 학교에서 왕따와 구타를 당하기 때문이라거나 엄마가 다른 자식을 편애하기 때문에 청개구리가 삐뚤어졌다고 말하기도 한다. 또 죽은 엄마 청개구리의 무덤을 쓸어내리는 시냇물을 연기하는 참여자가 "난 멈출 수 없어. 멈추고 싶어도 멈출 수 없어."라고 말하며 울거나, 이웃집 개구리들이 아들 청개구리를 비난하자 아들 청개구리가 분노하며 "너희들이 뭘 알아."라고 말하는 모습을 보기도 한

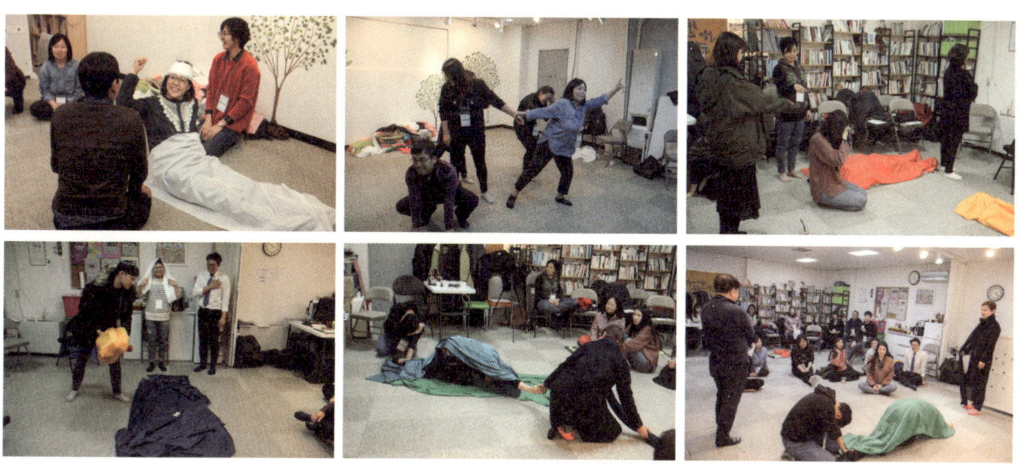

다. 이렇게 예상치 못한 장면에서 예상치 못한 대사와 행동이 튀어나올 때 보는 사람들은 큰 감동을 받는다. 어디로 흘러갈지 모르는 즉흥성이 참여자를 몰입하게 만들고 무심코 던진 대사가 모두의 마음에 감동을 주기도 한다.

| 역사와 비블리오드라마

"전문 연기자가 아닌 수요자를 위한 교육이라 해도 단순히 극장에서 연극을 관람한다던가 하는 것은 학생들에게 감동을 주거나 동기부여가 된다고 생각하지 않습니다. 직접 연기를 해보고 느껴본 후에는 연극 한 편을 감상하더라도 그 감동이 몇 배로 증폭될 수 있다는 믿음을 가지고 있습니다."

권수연, 「영국 공교육의 드라마 교육에 관해 듣는다 - 케네스 테일러」, 『아르떼 365』 2004. 10. 5. 해외리포트면

승자의 시각에서 기술되기 마련인 역사에는 숨겨진 이면이 존재한다. 역사학계에서는 이를 다양한 관점으로 해석해보고자 노력해왔다. 역사를 이해하는 방법으로 드라마를 활용하는 사례는 세계 어디서나 쉽게 찾아 볼 수 있다. 특히 영국에서는 드라마를 활용한 역사 교육이 보편적으로 이뤄지며 이를 효과적으로 사용하는 교사가 영국 교사상을 받기도 한다. 그러나 입시와 주입식 교육으로 신음하는 한국 교육현장에서 드라마적 교육이 이뤄지는 것은 요원해 보인다. 역사의 흥미롭고 복잡한 이면을 탐구하기보다 입시에 도움이 되는 정답 찾기 식 교육에 그치는 게 우리의 현실이다.

학교에서 토론이나 드라마적 교육 프로그램을 요청하면 나는 역사의 한 상면을 비블리오드라마로 구성하는 활동을 하곤 한다. 역사적 인물의 대립구도 속에 숨어있는 인간적 고뇌를 살피고 오늘날의 삶에 교훈을 얻는 교육적 목적으로 비블리오드라마를 활용할 수 있다. 이때 즐겨 활용하는 것이 이순신과 원균의 이야기이다.

먼저 학생들을 원균과 이순신의 이름이 각각 적힌 두 단어 카드에 나누어 서게 한다. 둘로 그룹이 나뉘면 각 인물에게 다양한 질문을 던지게 한다. “이순신은 무엇이 괴로웠을까?”, “임금과 위정자들의 모함 속에서 어떤 갈등이 있었을까?”, “원균은 처음부터 이순신을 싫어했을까?”, “왜 이순신을 모함했을까?” 나는 학생들의 입에서 나온 질문들을 종이에 적고 나름대로 답변을 만들어보게 한다. 답변 만들기를 마치면 그룹별로 한 명씩 나와 이순신과 원균 역을 맡는다. 그리고 대화가 시작된다. 원균이 말한다. “난 네가 하는 모든 일이 마음에 안 들었어.” 이순신이 답한다. “나라가 바람 앞에 등불과 같은데 넌 왜 네 감정에만 치우쳐 나를 미워하는 거야?” 이렇게 대화가 오가며 드라마는 진행된다.

다양한 장면을 연출하고 나누기를 한다. “우리도 개인적 감정 때문에 공적인 일을 그르칠 수 있을 것 같다.”, “아무리 나라를 위한 좋은 일을 하더라도 반대자가 많으면 그 뜻을 이루지 못 할 것 같다.”, “인간관계가 중요할 것 같다. 왜냐하면 내가 하는 일을 돕게 하거나 방해하지 못 하게 해야 하니까.”, “누가 나라를 위하는 자인지 가려내지 못하면 외세의 침략이 아니라 내부 분열 때문에 나라가 망할 수 있다.”

나누기가 끝나면 나는 진행자로서 학생들에게 역사 속 이야기로부터 우리가 배워야 하고 알아야 할 교훈이 많으며, 역사의식이 없으면 그 당시 조선의 상황처럼 오늘날 우리나라도 위기에 처할 수 있음을 환기시키며 끝을 맺는다.

| 영화와 성경이 만나는 비블리오드라마

여가시간이나 휴일이면 많은 사람의 발길이 영화관으로 이어진다. 영화는 TV 드라마와 더불어 우리의 일상에 자리 잡은 대중적 여가 활동이다. 학교나 교회에서 영화 스토리를 교육 자료나 설교의 예화로 삼기도 한다. 영화 스토리를 비블리오드라마로 활용해볼 수도 있다. 영화 속 한 장면을 비블리오드라마로 만들어보면서 우리 삶을 비추거나 신앙의 성장을 도모할 수 있다.

조디 포스터가 주연한 영화 〈피고인〉은 미국에서 실제로 일어난 성폭력 사건을 다룬다. 이 영화를 비블리오드라마로 활용한다면 영화의 한 장면을 스톱모션으로 만들어볼 수 있을 것이다. 이 활동을 통해 성폭력이 발생했을 때 방관하거나 외면하는 사람, 피해 당사자나 그와 관련된 사람들의 다양한 모습을 탐색할 수 있다. 그 과정에서 고통받는 이웃을 대하는 사람들의 태도나 윤리적 문제 등을 논의하는 장이 펼쳐진다.

또 다른 방법은 영화와 성경의 내용을 교차편집하는 형태로 비블리오드라마를 해보는 것이다. 〈도가니〉라는 영화가 흥행하고 있던 때였다. 한 청각장애인 학교에서 5년간 청각장애아를 상대로 교장과 교사들이 성폭력과 학대를 저질렀던 실화를 다룬 영화였는데 당시 많은 이들이 관람을 하였다. 가장 압권인 장면은 교장이 목을 긋는 시늉을 하면서 청각장애아에게 말하면 죽는다고 협박하는 장면이었다. 이 장면의 인상이 강하게 머리에 남아 떠나지 않던 와중에 50여 명의 사람들이 비블리오드라마협회 창립을 기념해 모이게 되었다. 나는 이들에게 지하철의 승객들처럼 긴 의자에 앉아 신문을 보게 하거나 잡담을 하게 하였다. 그리고 한 여자를 그들 앞에 불러 바닥에 앉게 했다. 그런 뒤 나이 많은 참여자에게 도가니의 교장처럼 목을 긋는 장면을 연출하면서 "말하면 죽어"라고 외치게 했다. 동시에 한 편에서 누가복음 10장 29-37절을 읽게 하였다. 그리고 그중 한 구절을 반복해 읽게 했다. "누가 네 이웃인가? 누가 네 이웃인가?" 장면 연출을 마친 후 4-5명씩 모여 나누기를 했다. 참여자들은 영화의 장면과 성경말씀이 연결되면서 말로 표현하기 어려울 정도의 전율을 느꼈다고 고백했다. 그리고 질문과 자성의 소리가 터져 나왔다. 우리는 그 누구의 진정한 '이웃'이었나?

사회 문제를 통해 성경본문으로 들어가기

성경을 통해 사회 문제를 들여다보기 위해 비블리오드라마를 진행할 수도 있고, 성경 교육를 목적으로 진행한 비블리오드라마 과정에서 자연스럽게 현 사회의 문제가 떠오를 수도 있다. 사회 문제가 공통의 문제로 떠오를 때 진행자는 성경에서 답을 찾아보자고 제안할 수 있다. 또는 참여자들에게 사회적 문제를 들여다보고자 하는 욕구가 많을 때 이를 위한 비블리오드라마를 제시할 수 있다.

모 여대에서 프로그램을 진행할 때 학생들에게 가장 문제가 되는 것이 무엇이냐고 묻자 학생들은 "얼굴이 못생기면 냉대 받아요."라고 대답했다. 그래서 성경 인물 중 얼굴이 못생긴 사람이 누구냐고 묻자 바울, 삭개오, 레아를 말했다. 나는 참여자들과 함께 레아가 언급되는 성경 구절을 찾아보고 드라마를 시작하였다.

먼저 아버지에 의해 야곱의 신부가 될 레아에게 물었다. "아버지가 이렇게 속이고 야곱과 결혼시키려고 하는 것을 어떻게 생각해요?" 레아를 맡은 학생은 "이해가 돼요."라고 답했다. 야곱에게 결혼을 앞두고 기분이 어떠냐고 묻자 "기분이 좋아요"라고 말한다. 신혼 첫날밤을 보낸 뒤 신부의 정체를 알게 된 야곱에게 물었다. "아내의 얼굴을 보니 기분이 어때요?" 야곱 역을 맡은 학생은 말했다. "이미 결혼을 했으니까 버릴 수는 없고(고민하다가)....

분기별로 한 번씩은 찾아갈게요.” 그런 야곱을 보며 레아는 착잡한 표정으로 말한다. “이세제 인생인가 봐요.”

나는 관객들에게 물었다. “여기 한 여인의 인생이 있습니다. 여러분이 하나님이라면 뭐라고 말하시겠습니까?” 한 사람씩 나와서 레아에게 위로와 격려의 말을 하던 중 한 학생이 말했다. “레아야, 네 잘못이 아니야.” 그 여학생은 레아를 부둥켜안고 울기 시작했다. 그녀는 크리스천이 아니었다. 그러나 레아의 실존적 이야기에 공감하게 된 것이다. 이렇게 성경의 이야기는 저 먼 시대의 이야기가 아니라 오늘날 우리의 이야기가 되었다.

한번은 잃어버린 어린 양 이야기로 비블리오드라마를 진행하였다. 양 떼는 친구 양을 잃어버린 사실을 아는 양과 모르는 양으로 양분되었다. 그러다가 양들은 목자가 이 사실을 아는지 모르는지 여부를 두고 다투기 시작했다. 한쪽은 목자가 양을 잃어버렸다는 것을 모르고 있으니 목자에게 빨리 알려주자고 이야기하고 다른 한쪽은 목자는 모든 것을 알고 있다고 말하면서 격렬히 다투었다. 그래서 나는 잃어버린 양이 낭떠러지에서 추락하는 장면을 연출해보았다. 성경의 내용을 비껴가지만 우리의 삶을 비추는 장면을 만든 것이다. 성경본문은 변치 않기 때문에 잠시 비껴가더라도 언제든 돌아가면 된다. 잃어버린 양이 추락하는 장면을 보고 참여자들은 일순간 정지 화면처럼 굳어버렸다. “목자는 다 알아”라고 우기던 양들과 죽은 양을 바라보는 목자의 모습이 세월호 참사의 희생자 아이들로 보인다는 소회를 털어 놓기도 하였다.

이렇게 비블리오드라마에는 사회 문제가 쉽게 투영된다. 기독교인들은 사회 속에서 살아가는 존재이며, 사회에서 일어나는 사건과 문제를 성경말씀을 통해 해석하고 해결하고자 하는 욕구가 있다. 비블리오드라마는 드라마를 통해 사회적 문제에 어떻게 접근하고 대처해야 할지 보여줌으로써 이러한 기독교인들의 욕구에 부응할 수 있다.

이미지 성경 접근법

성경 지식이 적거나 신앙이 없는 이에게는 성경을 가르치는 데 여러 어려움이 있다. 그래서 성경 지식의 격차나 신앙의 유무를 떠나 성경에 관심을 가지고 즐겁게 참여하도록 고안한 것이 바로 이미지 성경공부이다. 이미지 성경공부는 참여자 각자가 지닌 이미지를 활용하여 자신의 이야기와 성경 이야기를 접목시키는 성경공부 방법이다.

이미지 성경공부는 다음과 같이 진행된다. 먼저 제시된 이미지를 보고 마음을 나눈다. 이미지를 통해 자기 표현을 하게 만드는 단계이다. 그런 다음 제시된 본문을 읽고 그중 하나를 선택하게 한다. 이는 성경 텍스트에 관심을 갖게 하고 성경공부에 집중하게 만들기 위함이다. 그다음 선택한 본문을 읽고 떠오르는 이미지를 묘사하도록 하여 몰입하게 만든다. 이 과정에서 진행자는 참여자가 성경에 질문을 던지고 그 질문에 참여자의 문제를 투영하도록 돕는다. 그런 뒤 본문이 참여자의 삶에 어떤 의미가 있는지 묻고 이야기하면서 삶의 문제를 성경으로 조명하고 하나님의 음성을 구하게 한다. 다른 참여자들과 함께 자신의 묵상을 나누면서 참여자는 이를 삶의 현장에서 실천할 힘을 얻게 된다. 요약하면 참여자들은 자신의 삶을 이야기하고, 그 이야기 속에서 자신의 삶을 돌아보고, 성경과 연결시켜 하나님의 이야기에 참여하면서 영적으로 성장하게 된다.

진행자는 참여자 개개인이 떠올리는 이미지와 상상, 이야기가 하나님의 말씀과 연관성을 갖도록 도와야 한다. 성경에 대한 지식, 정보를 주기보다는 하나님의 음성을 듣고자 하는 과정에 촉진자 역할을 하는 것이 중요하다. 이런 성경공부 방식은 참여자 중심으로 진행되므로 참여도를 높이는 데 효과적이다. 또한 서로 삶의 이야기를 자연스럽게 나눌 수 있기 때문에 참여자들 간의 관계를 증진시키는 효과가 있다.

| 그림을 통한 성경 접근법

문

1. 문을 보고 떠오르는 것이 있나요? 무엇인가요?
2. 당신은 어제 몇 개의 문을 열어보았나요?
그 중 가장 기억에 남는 문은 어디에 있었나요?
3. 그 문의 촉감은 어떠했나요?
그 문 앞에 선 내 마음은 어땠나요?
4. 살면서 가장 열기 힘들었던 문은 무엇인가요?

■ **요한복음 18:15~18** 15 시몬 베드로와 또 다른 제자 한 사람이 예수를 따라갔다. 그 제자는 대제사장과 잘 아는 사이라서, 예수를 따라 대제사장의 집 안뜰에까지 들어갔다. 16 그러나 베드로는 대문 밖에 서 있었다. 그런데 대제사장과 잘 아는 사이인 그 다른 제자가 나와서, 문지기 하녀에게 말하고, 베드로를 데리고 들어갔다. 17 그 때에 문지기 하녀가 베드로에게 말하였다. "당신도 이 사람의 제자 가운데 한 사람이지요?" 베드로는 "아니오" 하고 대답하였다. 18 날이 추워서, 종들과 경비병들이 숯불을 피워 놓고 서서 불을 쬐고 있는데, 베드로도 그들과 함께 서서 불을 쬐고 있었다.

■ **아가서 5:2~8** 2 나는 자고 있었지만, 나의 마음은 깨어 있었다. 저 소리, 나의 사랑하는 이가 문을 두드리는 소리. "문 열어요! 나의 누이, 나의 사랑, 티없이 맑은 나의 비둘기! 머리가 온통 이슬에 젖고, 머리채가 밤이슬에 흠뻑 젖었소." 3 아, 나는 벌써 옷을 벗었는데, 다시 입어야 하나? 발도 씻었는데, 다시 흙을 묻혀야 하나? 4 사랑하는 이가 문 틈으로 손을 들이밀 때에, 아, 설레이는 나의 마음. 5 사랑하는 이를 맞아들이려고 벌떡 일어나서 몰약에 젖은 손으로, 몰약의 즙이 뚝뚝 듣는 손가락으로 문빗장을 잡았지. 6 사랑하는 이를 맞아들이려고 문을 열었지. 그러나 나의 임은 몸을 돌려 가 버리네. 임의 말에 넋을 잃고 그를 찾아 나섰으나, 가버린 그를 찾을 수 없네. 불러도 대답이 없네. 7 성읍을 순찰하는 야경꾼들이 나를 때려서 상처를 입히고, 성벽을 지키는 파수꾼들이 나의 겉옷을 벗기네. 8 부탁하자, 예루살렘의 아가씨들아, 너희가 나의 임을 만나거든, 내가 사랑 때문에 병들었다고 말하여 다오.

■ **마태복음 25:10~13** 10 미련한 처녀들이 기름을 사러 간 사이에 신랑이 왔다. 준비하고 있던 처녀들은 신랑과 함께 혼인 잔치에 들어가고, 문은 닫혔다. 11 그 뒤에 나머지 처녀들이 와서 '주님, 주님, 문을 열어 주십시오' 하고 애원하였다. 12 그러나 신랑이 대답하기를 '내가 진정으로 너희에게 말한다. 나는 너희를 알지 못한다' 하였다. 13 그러므로 깨어 있어라. 너희는 그 날과 그 시각을 알지 못하기 때문이다."

■ **사도행전 3:2~10** 2 나면서부터 못 걷는 사람을 사람들이 떠메고 왔다. 그들은 성전으로 들어가는 사람들에게 구걸하게 하려고, 이 못 걷는 사람을 날마다 '아름다운 문'이라는 성전 문 곁에 앉혀 놓았다. 3 그는, 베드로와 요한이 성전으로 들어가려는 것을 보고, 구걸을 하였다. 4 베드로가 요한과 더불어 그를 눈여겨 보고, 그에게 말하였다. "우리를 보시오!" 5 그 못 걷는 사람은 무엇을 얻으려니 하고, 두 사람을 빤히 쳐다보았다. 6 베드로가 말하기를 "은과 금은 내게 없으나, 내

게 있는 것을 그대에게 주니, 나사렛 예수 그리스도의 이름으로 [일어나] 걸으시오" 하고, 7 그의 오른손을 잡아 일으켰다. 그는 즉시 다리와 발목에 힘을 얻어서, 8 벌떡 일어나서 걸었다. 그는 걷기도 하고, 뛰기도 하며, 하나님을 찬양하면서, 그들과 함께 성전으로 들어갔다. 9 사람들은 모두 그가 걸어다니는 것과 하나님을 찬양하는 것을 보고, 10 또 그가 아름다운 문 곁에 앉아 구걸하던 바로 그 사람임을 알고서, 그에게 일어난 일로 몹시 놀랐으며, 이상하게 여겼다.

■ **잠언 8:32~34** 32 그러므로 아이들아, 이제 내 말을 들어라. 내 길을 따르는 사람이 복이 있다. 33 내 훈계를 들어서 지혜를 얻고, 그것을 무시하지 말아라. 34 날마다 나의 문을 지켜 보며, 내 문설주 곁에 지키고 서서, 내 말을 듣는 사람은 복이 있다.

■ **창세기 4:3~8** 3 세월이 지난 뒤에, 가인은 땅에서 거둔 곡식을 주님께 제물로 바치고, 4 아벨은 양 떼 가운데서 맏배의 기름기를 바쳤다. 주님께서 아벨과 그가 바친 제물은 반기셨으나, 5 가인과 그가 바친 제물은 반기지 않으셨다. 그래서 가인은 몹시 화가 나서, 얼굴빛이 달라졌다. 6 주님께서 가인에게 말씀하셨다. "어찌하여 네가 화를 내느냐? 얼굴빛이 달라지는 까닭이 무엇이냐? 7 네가 올바른 일을 하였다면, 어찌하여 얼굴빛이 달라지느냐? 네가 올바르지 못한 일을 하였으니, 죄가 너의 문에 도사리고 앉아서, 너를 지배하려고 한다. 너는 그 죄를 잘 다스려야 한다." 8 가인이 아우 아벨에게 말하였다. "우리, 들로 나가자." 그들이 들에 있을 때에, 가인이 그의 아우 아벨을 쳐죽였다.

■ **요한계시록 3:19~20** 19 나는 내가 사랑하는 사람은 누구든지 책망도 하고 징계도 한다. 그러므로 너는 열심을 내어 노력하고, 회개하여라. 20 보아라, 내가 문 밖에 서서, 문을 두드리고 있다. 누구든지 내 음성을 듣고 문을 열면, 나는 그에게로 들어가서 그와 함께 먹고, 그는 나와 함께 먹을 것이다.

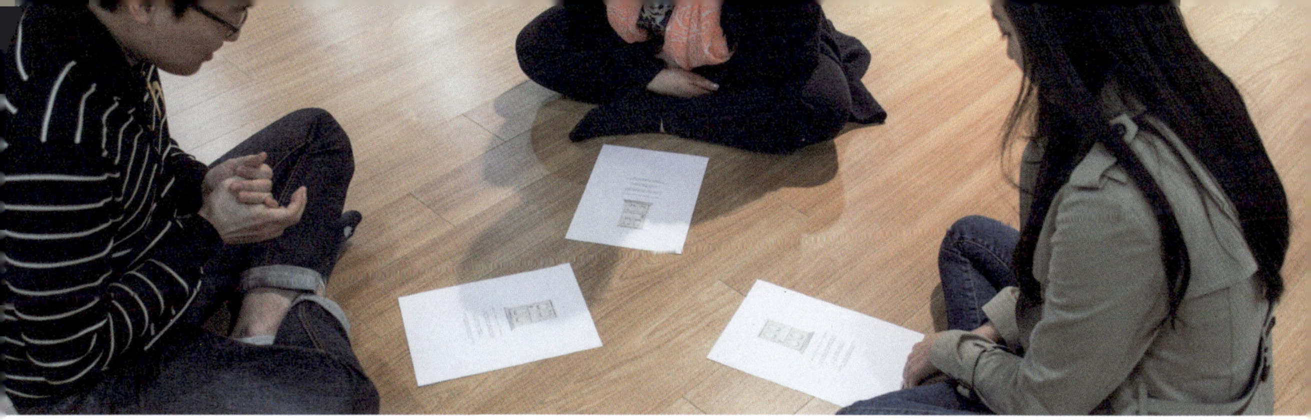

[이미지 성경 접근 사례]

진행자 자, 시작합시다. 기독교인이 아닌 분 중 교회에 한 번이라도 가본 적 있는 분?

참여자3 저는 교회에 한 번도 안 가봤어요.

참여자5 대학교 1학년 때 다녔었어요.

진행자 알겠습니다. 자, 이 문 그림을 보고 떠오르는 것이 있나요? 무엇이든 이야기해보세요.

참여자5 유럽의 낡은 성당 문 같아요.

참여자3 화장실 문 같아요.

진행자 화장실 문. 네, 그렇게도 보이네요.

참여자2 왜인지 답답해 보이고 빨리 열고 싶어요.

진행자 또?

참여자1 어떤 공간에 들어가는 느낌이에요.

참여자3 옆에 무늬가 있으면 좋을 것 같아요.

진행자 네, 그렇군요. 두 번째 질문을 해볼게요. 당신은 어제 몇 개의 문을 열어보셨나요?

참여자3 세어봐야 하나요?

진행자 대충 떠올려보세요. 실제 열었던 문, 병원문, 현관문, 화장실 등.

참여자5 8개요.

참여자3 15개.

참여자1 10개.

참여자2 2개요.

진행자 어떻게 두 개죠?

참여자2 현관문과 화장실 문이요.(웃음)

진행자 또?

참여자1 11개요.

진행자 그럼 가장 기억에 남는 문은 무엇인가요?

참여자2 저는 어제 00대학교에 가서 강의실 문을 열고 학생들을 만났어요. 그 강의실 문이 생각나네요.

참여자4 저는 어제 아이들 상담을 했는데 상담실이 4층에 있어서 계단을 오르느라 문 앞에서 늘 숨을 헐떡대요. 그리고 돌아갈 때 선생님이 꼭 나오세요. 그 문이 기억이 나네요.

진행자 또?

참여자3 저는 현관문이 기억에 남아요.

진행자 왜 그런가요?

참여자3 항상 문에 전단지가 붙어서 그걸 떼느라고 문을 늘 확인하거든요.

진행자 또?

참여자1 찜질방 문이요.

진행자 오케이. 그 문의 촉감은 어땠고, 마음은 어떠셨나요?

참여자5 문이 따뜻했어요.

참여자4 좀 긴장되는 느낌이었어요.

진행자 긴장되는군요. 그래요. 촉감은 마음과 연관이 있죠.

진행자 (참여자5에게) 문의 촉감이 기억나요? 손잡이 재질은 무엇이었나요?

참여자5 약간 건조했어요.

진행자 (참여자4에게) 어땠나요?

참여자4 제가 직접 문을 열지 않아서 촉감은 모르겠어요.(웃음)

진행자 그렇군요. 하지만 문앞에 섰을 때 조금 긴장된 마음이었군요.

진행자 참여자1은 어땠어요?

참여자1 피곤한 상태여서 어지럽고 정신이 없었어요.

참여자2 강의실 문이 철문이었는데 철통같이 닫혀있다고 해야 할까, 딱딱한 느낌이었고 차가웠어요. 많은 학생들이 여는 문인데 왜 이렇게 차갑고 들어가기 힘들게 만들어놓았나, 그런 생각을 하면서 열었어요.

진행자를 위한 Tip

자유롭게 이야기하면서 참여자 간 심리적 거리감을 좁히고 자기 표현을 할 수 있도록 유연성을 높인다. 사소한 이야기라도 중요한 이야기로 발전할 수 있다. 추상적 질문은 참여자가 무심코 지나친 일에 대한 당시 자신의 느낌과 생각을 표현하도록 만들어준다. 그 이야기는 상처일 수도 있고 추억일 수도 있다. 이야기는 기억의 재구성을 통해 이뤄지며 이 자체가 치유의 과정이다. 참여자들은 이미지와 자신의 경험을 연관 지으며 속마음을 이야기하게 된다. 이야기하면서 이미지도 더욱 구체성을 띠게 된다. 이야기가 풍부해질수록 서로에 대한 신뢰가 쌓이고 참여자가 자신의 이야기에 더욱 몰입하게 된다.

진행자 그렇군요. 자 이번에는 살아오면서 가장 열기 힘들었던 문은 무엇인지, 그 문에 얽힌 이야기를 들려주세요. 실제 문일 수도 있고 아닐 수도 있습니다.

참여자5 집 대문, 현관문이요.

진행자 왜 힘들었나요?

참여자5 집에 들어가기 싫어서요.

진행자 왜 그렇죠?

참여자5 엄마가 뭐라고 해서요.

진행자 뭐라고 하죠?

참여자5 개새끼 소새끼……. 술 처먹고 이 시간에 들어온다고.

진행자 몇 살 때였어요?

참여자5 고등학교 때요.

진행자 그랬구나. 들어가기 싫어.

참여자5 네.

진행자 그 문을 열기 싫었다, 참 멋있게 들리는 말이네. 소설의 첫 문장 같아요. 당신의 인생 스토리 첫 문장. '나는 그 문을 열기가 싫었다.'

참여자5 그렇게 써야겠네요(웃음).

진행자 이야. 멋있네요. 이런 피드백이 회고하고 치유하고 극복하기 위한 작업일 수 있죠. 또? 어떤 생각이 드나요?

참여자2 저는 어떤 사람의 마음 문이 생각났어요. 제가 학교 교사일 때 아이들 간에 다툼이 있었는데 그게 학부모끼리 다툼으로도 번졌어요. 학부모들 사이에 오해가 많았거든요. 오해를 풀어주는 과정이 너무 힘들었어요. 학부모의 마음 문을 여는 것. 그게 어려웠어요.

진행자 그렇군요. 또?

참여자1 저는 아버지가 계신 방의 문이 가장 열기 힘들었어요. 할 말이 없는 거죠. 사춘기 때, 아버지가 일하러 갔다 집에 오시면 이야기를 해야 하는데 하기 싫고, 말 걸면 맨날 안 좋은 소리만 오고, 공감대 형성도 전혀 안 되고. 저를 이해해주지 않고 기대만 하시고, 공부 이야기만 하고. 그 기대를 만족시켜 드리지 못해서 계속 안 좋은 소리만 듣게 되니까 아버지께 잘 안 갔어요.

진행자 참여자 3은 어땠나요?

참여자3 문의 촉감이 딱딱했고, 문 앞에 선 나는 허탈했어요. 살아가면서 열기 힘들었던 문은 방문이고요. 그 문으로 들어가면 공부만 하고 집에만 틀어박혀있어야 한다는 압박감도 있었고, 부모님 눈치 보는 게 싫었어요.

진행자 이렇게 나눠보니까 어때요?

참여자5 다들 마음속 이야기를 엄청 빨리 꺼내는 것 같아요.(웃음)

진행자 그렇죠?

참여자1 문하고 제 이야기가 이렇게 연결되리라곤 상상도 못했어요.

진행자 기분이 어때요?

참여자1 아리송해요.

진행자 교회 전도사라면서요? 이렇게 빨리 자기 이야기를 나눠본 적 있어요?

참여자1 긴 시간이 걸렸었는데 지금은 아니네요.

진행자 이미지 성경공부의 힘이죠. 오케이. 다음으로 넘어가겠습니다.

진행자를 위한 Tip

이해하기 쉬운 장면을 선택해 설명하면서 성경말씀을 구체화한다. 이 과정에서 새롭게 성경말씀을 경험하거나 다양한 질문이 생겨날 수 있다.

진행자 여기 일곱 가지 성경본문이 있어요. 교회 안 다니는 분들은 잘 모르는 내용이겠지만 쭉 읽어보고 이 중에서 이미지가 그려지고 끌리는 것 한 가지를 선택하시면 돼요. 자, 지금부터 어떤 이야기가 그려지고 끌리는지 이야기해보세요.

참여자5 사도행전 3장 2-10절이요. 앉은뱅이가 일어났대요. 머릿속으로 그려져요.

진행자 무슨 내용인지 우리에게 설명해주시겠어요?

참여자5 앉은뱅이가 성문에서 구걸을 하는데...

진행자 성경 구절을 보지 말고 이해한 것을 이야기해보세요.

참여자5 잠깐만요. 이름이 너무 어려워요.

진행자 이름 몰라도 돼요. 예수님하고 제자가 있었다, 그 정도만 이야기해도 돼요.

참여자5 어떤 성문에 앉은뱅이가 앉아있는데 예수님의 제자라는 요한이랑 베드로라는 사람이 지나가다가 쳐다보니까 이 앉은뱅이가 '어? 나한테 뭘 좀 주려고 하나?', 그러니까 베드로가 '아니, 난 돈 없어요. 돈 없는데 나사렛 예수 이름으로 걸어가라.', 이렇게 이야기하니까 얘가 갑자기 벌떡 일어나서 성문 앞에서 춤을 추고 걸어갔대요. 뭔 소리야 이게.(웃음)

진행자 뭔 소리인지 모르지만 이야기 속에 클라이막스도 있고 다 있네요. (웃음) 참여자4도 얘기해보세요.

참여자4　저는 첫 번째 요한복음 내용이요. 예수를 따라서 제자들이 안뜰까지 들어가는데 베드로만 자기는 제자가 아니라 그러고. 그렇다고 아예 가는 것도 아니고 앞에서 알짱대면서 다른 잡부들 사이에 서 있어요. 사실 속하고 싶은 마음이 있는 것 같아요.

진행자　제자들 속에?

참여자4　네, 거리를 유지하면서도 아는 척하는? 그런 마음인 것 같아요.

진행자　그런 이중적 마음을 가지고 있는 것 같다. 해석 잘하네. 영화 〈곡성〉의 한 대목이네요.

참여자5　어? 저 그 영화 봤는데 이런 대목이 있어요?

진행자　영화에서 닭이 세 번 울 때까지 찾아가지 말라고 하잖아요. 여기서 차용한 것이죠.

참여자5　오– 근데 찾아갔잖아요?

진행자　찾아가서 작살났죠. (웃음) 서양의 예술작품은 성경이나 그리스 로마 신화에 젖줄을 댄 경우가 적지 않죠. 기독교인이 아니어도 성경의 플롯은 참 매력적이니까요. 또 다른 분?

참여자3　저는 마태복음 25장 10절을 골랐어요. 처녀들이 기름을 사러 간 사이에 신랑이 왔는데 그 신랑은 미리 '준비하고 기다리고 있던 처녀들과 혼인 잔치에 들어갔어요. 그런데 준비하지 않은 처녀들은 기름을 사러 간 사이에 문이 잠겨서 못 들어갔고요. 신랑이 '나는 너희가 누군지 모른다.'고 했어요. '신랑이 오는 시간은 아무도 모르니 항상 깨어있어라.'하고 말했어요.

진행자　또 다른 분, 말씀해보실래요?

참여자2　저는 요한계시록 3장이요. '문 밖에 서서 문을 두드린다.' 너의 마음 문에 들어가고 싶다는 거죠. 마음 문을 열고 예수님을 영접을 하면 함께 먹고 교제를 나눌 수 있지만 그렇지 않으면, 문을 열지 않으면 책망도 하고 징계도 한다는 거죠. 아까 학부모 사건이 떠오르면서 마음 문을 열지 않는 그 답답함이 느껴졌거든요. 상대방 마음 문을 열고 싶은 마음이 들었어요.

참여자1 저는 네 번째 사도행전 내용이요. 앉은뱅이가 저의 모습처럼 느껴졌어요. 누군가를 향해 '나 좀 살려주세요.' 하고 구걸하는 제 모습처럼 느껴졌어요. 요즘 돈을 벌고 싶다는 생각이 많아요. 베드로가 '나는 돈은 없다. 하지만 나사렛 예수의 이름으로 왔다.' 말하는 이 이야기가, 내가 추구해야 하는 것은 돈이 아니라 진정한 무엇이겠구나 하는 생각으로 와 닿았어요. 내가 예수의 이름으로 거듭난 사람인데, 그래서 이전과 달라진 삶인데 왜 내 속은 이전과 같은 모습일까 하는 생각이 들었어요. 그러면서 코끼리 이야기가 생각났어요. 코끼리 발목에 족쇄를 계속 채워두면 나중에 족쇄를 풀어줘도 못 간다는 그 이야기 속 코끼리가 꼭 제 마음 같아요.

진행자 참여자5는 참여자1의 말을 들으니까 어때요?

참여자5 해석이 좋네요. 저는 그런 생각 안 했는데. 똑같은 구절인데 해석이 참 다르네요.

진행자 이 이야기가 어떤 의미로 다가왔어요?

참여자5 옛날에 어떤 교회를 갔는데 '밥 퍼주는 신부님'이라는 책을 쓴 사람이 와서 치유를 한다기에 가봤어요. 이틀을 했는데 둘째 날에는 '마음의 치유는 어제 끝났어. 오늘은 몸의 치유를 하는 날이야!' 그러면서 사람들이 막 춤을 추고 피아노 치고 그러는 거예요. 그래서 엄청 놀랐어요. '방언하고 싶은 사람 일어나세요!' 하니까 다 일어났어요. 저는 무서워서 안 일어났어요. 그런데 옆 사람이 '방언하고 싶지 않으세요?' 물어서 '싫어요! 집에 갈래요!' 그랬는데 차가 없었어요.

진행자 네. 그렇게 마음대로 안 되는 일이 벌어지곤 하죠. 안 되는데 뭔가 요구해본 적이 있나요? 마음속으로라도?

참여자5 네, 있어요.

진행자 그게 뭐였나요?

참여자5 음... 폭력으로부터 벗어나는 거요.

진행자 누구의?

참여자5 엄마요.

진행자 몇 살 때?

참여자5 다섯 살 때.

진행자 네, 그렇군요. 참여자4는 어떤 구절을 선택했나요?

참여자4 첫 번째 요한복음 내용이요.

진행자 한번 이야기해보실래요?

참여자4 친하게 지내고 싶은 마음이 있는데 주변의 시선이나 내 자존심 때문에 상대방이 먼저 와서 끌어주기 전에는 멀리 가진 않지만 주변에서 계속 알짱거리는 상태가 그려졌어요.

진행자 그렇군요. 그 이야기도 본문의 이야기와 연결이 되네요. 베드로가 예수가 정말 메시아인가 하는 의문을 떨치지 못해서 이러지도 저러지도 못하고 있는 것처럼 보이기도

하네요.

참여자4 네. 그래서 오히려 본문의 이야기가 설득력이 있는 것 같아요. '현실에 기반을 두고 있구나.' 싶었어요.

진행자 문앞에서 이럴 수도 저럴 수도 없는 베드로의 심정을 이해하는군요. 누가 나를 설득해주고 이해시켜주었으면 좋겠다는 의미로 들리네요.

참여자4 네. 그런 마음도 있어요.

참여자5 오!

참여자4 나는 이러이러한 의문을 갖고 있는데 누가 합리적으로 설명해주면 좋겠다, 그런 생각을 해요.

진행자 그럴 수 있어요. 자. 이렇게 이미지 성경공부를 해보니 어떤가요?

참여자5 사람마다 성경 구절을 고른 이유가 다 있네요. 각자 이야기를 통해서 말하고 싶은 게 있었던 것 같아요.

참여자3 깨어있어야 한다, 경각심을 가지고 그 날을 기다려야겠다는 생각을 했어요. 진짜 이렇게 준비하고 살면 좋겠다, 생각했어요.

참여자1 성경 구절이 제 삶에 와 닿았고 또 삶의 이야기를 나눌 수 있어서 좋았어요.

참여자2 나를 돌아볼 수 있게 만들었어요. 문 그림으로 시작해서 성경에 대해 모르는 사람에게 쉽게 다가갈 수 있는 것 같아요.

참여자1 교회에서는 현실과 상관없이 너무 뜬구름 잡는 이야기나 자기 하고 싶은 이야기만 하는 느낌이었는데 이 성경공부 방법은 현실과 맞닿아 좋았어요.

진행자 (참여자5에게) 비기독교인의 입장에서 이런 방법이 어떤 의미가 있었는지 이야기해 주실래요?

참여자5 이 구절들이 다 옛 이야기이고 이해도 잘 안 되지만 이야기를 통해서 내 마음을 비춰서 '내가 진짜 원하는 게 사실 이런 것이구나. 내 마음에 이런 것이 있구나.' 하고 순식간에 통찰하게 되는 게 너무 신기하고 재밌었어요.

참여자4 저는 성경을 잘 몰라요. 그런데 각자 자기가 이해한 것을 설명해주니 어떤 내용인지 금방 알 수 있어서 좋았고 더 많이 와 닿았어요.

진행자 네. 이렇게 상호작용을 하면서 성경을 입체적으로 보면 더 쉽고 빠르게 접근할 수 있죠.

마무리를 위한 진행자의 기도

하나님 아버지, 여기 다양한 사람들이 당신의 말씀 속에서
자신을 발견하고 말씀의 의미를 깨닫게 되었습니다.
우리의 신앙이 연약할지라도 당신의 사랑으로
우리의 믿음을 키워주시고
우리가 당신의 말씀 앞에서 겸손해지도록 도와주시기를 간구합니다.
예수님 이름으로 기도합니다. 아멘.

| 사물을 통한 성경 접근법

잃은 양

어느 날, 비블리오드라마를 배워 간 교회학교 교사들이 내게 고민을 토로했다. 몸을 많이 움직이는 비블리오드라마의 특성상, 시간과 공간의 제약이 많은 교회 현실에서 활용하기 어렵다는 것이었다. 그래서 나는 공간과 시간이나 협소한 공간에서 적은 인원이 활용할 수 있는 다양한 비블리오드라마 운영 방식을 고민하고 실험하다가 몇 가지 접근 방법을 고안하게 되었다.

비블리오드라마는 성경의 장면을 지금 여기의 장면처럼 보이게 하는데 목적이 있다. 진행자는 말이든, 빈 의자나 조각기법을 사용하든 참여자가 성경 텍스트 속으로 들어가게 만들어야 한다. 나는 사물을 활용하여 성경 이야기에 접근하는 방법이 참여자를 몰입시키는데 효과적이라는 사실을 발견했다. 그래서 실험 초기에는 성경 인물 피규어를 사용해보았다. 다양한 성경 인물 피규어를 사용하면서 참여자들, 특히 아동, 청소년, 청년 등의 반응을 살폈다. 그 결과 성경인물과 비슷한 피규어일수록 참여자들은 성경 이야기에 몰입하기보다는 오히려 심리적 거리감을 느낀다는 사실을 알게 되었다. 그러던 중 어느 날, 발도르프 인형을 보게 되었다. 부드러운 헝겊으로 만든 발도르프 인형은 눈, 코, 입의 윤곽이 분명하지 않거나 얼굴에 점만 찍어 놓은 형상을 하고 있다. 획일화되고 규격화되어 상상력을 제한하는 일반 플라스틱 인형과 달리, 발도르프 인형은 오히려 형태를 단순화해 상상력을 자극한다. 단순한 발도르프 인형의 얼굴에서 아이들은 오히려 다양한 감정의 얼굴을 자유롭게 상상해 내는 것이다. 나는 이 원리를 응용하여 종이컵이나 사물로 성경 이야기를 진행해보았다. 그리고 그중 동전을 활용했을 때 참여자들이 가장 잘 반응하는 것을 확인할 수 있었다.

■ **눅 15:4-6** 4 "너희 가운데서 어떤 사람이 양 백 마리를 가지고 있는데, 그 가운데서 한 마리
를 잃으면, 아흔아홉 마리를 들에 두고, 그 잃은 양을 찾을 때까지 찾아 다니지 않겠느냐? 5 찾
으면, 기뻐하며 자기 어깨에 메고 6 집으로 돌아와서, 벗과 이웃 사람을 불러모으고, '나와 함께
기뻐해 주십시오. 잃었던 내 양을 찾았습니다' 하고 말할 것이다.

동전을 활용하여 위의 본문에 접근해보자. 먼저 참여자의 동전을 수거하는 데서부터 작업이 시작된다. 참여자는 '어? 왜 진행자가 돈을 뺏어?', '뭔가 재미있는 것을 보여주려나?' 하는 호기심에 진행자의 행동을 주시한다. 놀이의 과정으로 들어가는 것이다. 나는 참여자에게 테이블 위를 주시하라고 하면서 다음과 같이 말한다.

"여러분, 여기는 들판입니다. 많은 동물이 지나다녔습니다. 상상 속에 어떤 동물이 지나갔는지 말해보세요."

그러면 참여자들은 하나 둘 말한다.

"토끼요." / "거북이요." / "말이요."

나는 이어 다음과 같이 질문한다.

"어떤 걸음으로 지나갔는지 발자국을 보고 말해보시겠습니까?"

참여자들은 또 말한다.

"빨리요." / "천천히요." / "절룩거리면서…"

그런 다음 나는 참여자들을 천천히 바라보면서 동전 하나를 책상 위에 올려놓는다.

"그런데 여기 양 한 마리가 지나갑니다. 이 양은 어떤 걸음으로 지나가고 있습니까?"

동전 하나를 놓으며 진행자가 양이라고 말하는 순간 참여자들은 동전을 양으로 보기 시작한다. 그들은 진행자인 내가 아니라 양을 바라보면서 양의 상태를 상상 속에서 그리기 시작한다.

"천천히." / "터벅터벅." / "여기저기 둘러보면서." / "심심하게…"

참여자들은 양이 된 동전에 자신을 투영할 수도 있고 성경 이야기에서 잠시 비껴나서 단순히 한 마리 양을 상상할 수도 있다. 아무래도 상관없다. 성경 이야기 속으로 참여자들을 인도하기만 하면 된다.

나는 이 시점에 참여자들에게서 거두어들인 동전을 무작위로 배치한다. 그러면 한 마리 양 주변에 다양한 양들이 함께 걸어가고 있는 모습이 된다. 나는 참여자들이 좀 더 이야기 속으로 들어가도록 질문한다.

"당신은 지금 어디에 있는 양입니까? 자기 자신이 어디쯤 걸어가고 있는지 가리켜보세요."

참여자들은 각자 자기가 원하는 양의 모양을 한 동전을 가리킨다. 이제 나는 가장 작은 동전을 테이블 한구석에 두며 질문한다.

"여기 양 한 마리가 길을 잃어 버렸는데 여러분은 알았습니까, 몰랐습니까?"

잠시 침묵이 흐르고 참여자들은 나름대로 답을 하기 시작한다.

"알았습니다." / "몰랐습니다."

진행자는 말한다.

"그렇군요. 그런데 여기 목자님은 잃어버린 양에 대해서 알고 계실까요? 아니면 모르고 계실까요?"

참여자들은 목자에 대해 이야기한다.

"알았습니다." / "몰랐습니다."

나는 다음과 같이 요청한다.

"목자님이 '모르고 있다'고 말한 양들이 목자님이 알고 있다고 생각한 양들에게 말해보시기 바랍니다."

"알고 있다면 빨리 찾으러 가지 않았겠니?"

"여기 누가 목자님에게 말한 사람 있어요? 저 친구 길 잃어 버렸다고?"

"저게 무슨 목자야? 너희가 속고 있는 거라니까?

나는 한 명을 목자의 자리에 세우고 양들에게 일어나 외치도록 한다.

"이제 다 같이 목자에게 말해 봅시다."

양들은 목자에게 항의하듯 말하기 시작한다.

"목자님 왜 찾으러 안 가시나요?"

"목자님 항상 다른 일에 분주하시죠?"

"목자님은 우리 말고 다른 양들이 더 좋으신 거죠?"

소리 지르는 양 한 마리를 지목해 목자의 자리에 서게 한다. 그리고 다른 양들의 야유에 반응하게 해 본다. 이렇게 몇 명을 더 불러 목자의 자리에 서서 말해보게 한다.

"조용히 해." / "나도 바쁘단 말이야." / "그럼 우리 함께 찾으러 갈까?"

목자 역을 맡은 사람들이 한 말 중 양들이 가장 합리적이라고 생각하는 말을 선택해 목자가 외치고 양들을 독려해 함께 가는 장면을 구성한다. 때로는 목자가 남아있는 양들을 다독이며 목자가 없을 때 어떻게 지내야 하는지 가르쳐주기도 한다.

활동을 마친 뒤 참여자들은 이 짧고 익숙한 성경 구절이 살아서 눈앞에 펼쳐지고 자신들이 몰입하게 되더라며 신기해 했다. 그리고 각자의 이야기를 들려주었다. 청소년들은 교회에 나오다 어느 날 사라져버린 친구들이 생각이 났다고, 또는 사라진 친구가 있는지도 모르고 살았다는 이야기를 나누었다. 성인 그룹에서 이 활동을 했을 때 한 분은 부모님이 목회자라 항상 심방을 나가셔서 부모님이 집에 잘 안 계셨다고 이야기했다. 잃어버린 양만 돌보고 집에 있는 양을 돌보지 않은 부모님에 대한 원망이 있었다는 의미였다. 어느 분은 목자를 원망하는 자신의 말에 출석하는 교회 목사님을 향한 원망의 감정이 올라왔다고 말했다. 항상 분주하지만 정작 교인은 돌보지 않는 목사님에게 섭섭해 하는 자신의 마음을 보게 되었다는 것이었다.

동전을 활용한 이 접근법은 이렇게 오히려 형태를 단순화시켜 참여자가 상상력을 자유롭게 펼치도록 돕고 몰입력을 끌어올릴 수 있다. 또한 시공간의 제약에 구애받지 않고 간단하게 활용하기 좋으므로 교회교육 현장에서 적극적으로 활용할 수 있을 것이다.

Q&A

1. 〈사회 문제를 통해 성경본문으로 들어가기〉 활동 시 참여자 개인의 감정이 올라오면 어떻게 처리해야 하나요?

개인의 감정이 올라오는 것은 자연스럽지만 진행자가 이를 과도하게 다루면 공동체가 아니라 개인을 위한 드라마치료가 되어버리므로 이를 미리 방지해야 합니다. 비블리오드라마나 사회극은 철저히 공공의 문제를 다루는 형태로 진행하도록 노력해야 합니다.

2. 이미지 성경공부는 아무 주제나 다 가능한가요?

어떤 주제로 해도 상관없습니다. 그러나 아무 목적 없이 한다면 성경공부는 무의미하게 흘러가버릴 것입니다. 그러므로 공동체에 어떤 도움이 되는지, 성경말씀에 어떻게 접근할 지, 참여자 개개인에게 어떤 이미지와 정서적 접근이 효과적일 지 고민하면서 주제와 본문을 선택해야 합니다.

3. 이미지 성경공부 할 때 성경본문은 어떻게 선택하나요?

얼마나 많은 이미지와 상상, 이야기를 펼칠 수 있는 장면인지, 또 얼마나 삶의 문제를 투영하기 적절한 장면인지 고려해 본문으로 선택합니다.

맺음말

“나는 저 여자를 잘 압니다. 매일 이 시간 여기 와서 물을 길어요. 벌써 한 20년쯤 되었는데 물을 긷고 나선 길게 한숨을 짓고 앉아 있다 갑니다. 처음엔 왜 그러는지 몰랐어요. 한이 많은 인생을 살아왔기 때문이라는 것을 점차 알게 되었지요.”

“한 많은 인생이요? 뭔가 아는 게 있나요?”

“그녀는 여기에 앉아서 저에게 지난 20년 간, 기도 반 푸념 반으로 넋두리를 늘어 놓았는걸요. 지금까지 다섯명의 남자가 그녀의 인생에서 그녀를 버리고 떠나갔대요. 지금 함께 사는 남자도 정식 남편이 아니라서 언제 또 떠날지 모른대요.”

성경에 나오는 사마리아여인의 이야기를 비블리오드라마로 진행할 때 우물 역할을 맡았던 학생과 나눈 대화이다. 우물뿐 아니라 물을 긷는 두레박, 우물가의 아름드리 나무도 있었다. 사마리아 여인의 주변 인물 또는 사물 등 캐릭터를 떠올려보라는 말에 학생들은 흔쾌히 나와 우물가 사물들의 역할을 맡았다. 사람들이 앉아 담소를 나누는 바위, 길가의 흙과 돌, 그리고 우물가에 내리쬐는 사마리아의 강렬한 태양 역할을 맡은 사람도 있었다. 나는 이들 캐릭터에게 이리로 물을 길러 걸어오는 사마리아 여인에 대하여 물었다. 그녀는 어떤 사람인지, 그녀의 마음은 어떤지 그리고 무엇을 원하는(소망) 것 같은지, 그리고 그녀에게 정말 필요한 것이 무엇인지 자유롭게 이야기하게 했다. 그리고 관객 중 캐릭터의 더블(double, 이중자아)로 참여하여 함께 이야기하고 싶은 사람도 자유롭게 나오도록 했다. 많은 이들이 캐릭터 뒤에 서서 한 마디씩 했다. 나는 캐릭터들에게 다시 물었다. "저기 오는 저 여자에게 당신이 해주고 싶은 말은 뭔가요?" 그러자 우물가 사물들의 역할 맡은 이들과 앉아있던 관객들 모두 진심으로 사마리아 여인을 불쌍히 여기며 조심스럽게 공감과 위로의 말, 그리고 용기와 희망을 주는 말을 건넸다. 이전에 설교나 성경공부를 하면서는 경험하지 못했던 성경의 이야기 속으로 모두가 점점 깊이 빠져 들어가는 것을 느꼈다. 우물이 말하기를, "사마리아 여인, 당신이 내게로 와서 물을 긷고 늘 내 곁에서 온 마음을 토해내니(내가 당신의 이야기를 듣고 있다는 걸 당신이 아는지 난 모르지만) 나는 당신과 무척 가까운 사이처럼 느껴져요. 지난 20년 동안 그 이야기들을 들으면서 나는 아무것도 도울 수 없었어요. 미안해요. 하지만 희망을 가져요. 오늘은 뭔가 다른 느낌이 드네요. 여기 이렇게 먼저 와서 앉아 있는 이 사람! (예수 역을 맡은 사람을 가리키며) 이 유대인 랍비가 왠지 당신의 마음을 풀어줄 수 있을 것 같아요. 이 분에게 모든 것을 털어놔 봐요. 뭔가 놀라운 일이 생길 거예요.(잠시 멈추더니 웃는 표정으로 여인을 향해) 하하. 이봐요, 사마리아 여인! 오늘 당신, 로또 맞은 줄 알아!"

갑작스러운 "로또"란 표현에 참여자 모두가 한바탕 크게 웃었다. 정말 예상치 못한 일들이 벌어졌다. 우물뿐 아니라 그 곳의 모든 사물들이 일어나 사마리아 여인을 위로하며 희망을 속삭이는데 바로 그녀에게 찾아온 메시아(구원자)를 소개하는 언급들이었다. 마치 신약성서가 말하는 대로 "이 사람들이 잠잠하면, 돌들이 소리지를 것이다.(눅 19:40)"라는 구절이 떠올랐다. 성경에는 인간의 이성만이 아닌 다양한 방법으로 경험할 수 있는 엄청난 내용들이 도사리고 있다는 사실! 그리고 사람이 아닌 돌들도 이야기의 참여자가 되어 주인공은 물론 이야기에 뛰어든 참여자 모두에게 인간 삶의 온갖 감정과 느낌, 생각, 직관을 전달한다는 사실! 나는 비블리오드라마가 참으로 경이로운 집단상담 현장으로 이어지는 순간을 목격하였다. 모두가 자발적으로 참여해 창의적으로 이야기에 뛰어들었다. 그리고 그 이야기를 자기 것으로 소화하며 새로운 삶을 경험하는, 전에는 경험하지 못했던 성경의 참맛을 온 '몸'으로 경험하고 있었다. 이렇게 비블리오드라마는 성경에 숨은 흥미진진한 이야기들을 익살과 풍자, 놀이와 움직임, 대화와 드라마로 이어지게 한다. 그래서 수천 년간 인간을 치유하고 진리를 깨닫게 한 그 힘을 '오늘-바로 여기에서' 우리도 경험하게 만든다. 그리고 무엇보다도 새로운 인생을 살 용기를 준다.

이 책을 통해 담아낸 비블리오드라마의 실제를 현장에 적용하여 드라마를 통해 삶의 해답을 찾아나가기 바란다. 관계와 공동체가 회복되는 것은 물론 참여자 개인의 인격이 성장하고 영적인 여정의 등불을 찾는 놀라운 효과를 맛볼 수 있을 것이다. 성경은 인류 역사를 통해 발견하고 간직해온 가장 위대한 승리의 드라마를 담은 책이다. 그리고 지금도 이 시간 어디든 모든 이들의 삶을 어루만져 새로운 인생을 열어주는 가장 귀중한 책이다. 그 성경으로 인도하는 비블리오드라마의 세계로 들어가보라!

비블리오드라마를 경험하고...

■ 감성을 건드리며 체험을 통해 참여를 유도하는 방법이 신선했습니다. 저희 교회에 꼭 적용해보고 싶습니다. ■ 생동감이 넘칩니다. 활용도가 높을 것 같아 기대도 됩니다. 일방적인 교육을 탈피하고 싶었는데 큰 도움이 되었습니다. ■ 까맣게 기록된 본문 말씀 사이사이 하얀 여백이야말로, 살면서 때로는 자지러지게 웃고, 울면서 기뻐 날뛰고, 절규하면서 화도 내고, 소리도 지르면서 쉴 수 있는 나만의 공간이며 무대였음을 발견했습니다. 그 하얀 여백 위에서 나의 실수와 결점, 죄악은 분명하게 도드라져 보이기도 했지만, 동시에 그 하얀 공간 속에서 그 모든 기억과 경험이 흔적도 없이 사라졌습니다. 마치 말씀이 멈춘 바로 그 자리에서 내가 다시 시작할 수 있도록 초월적이고 입체적인 체험의 공간을 미리 예비해둔 그분의 심오한 계획 같았습니다. ■ 3일 동안의 비블리오드라마 워크숍은 성경 본문을 눈과 가슴으로, 그리고 하나의 영상으로 보게 해준 시간이었습니다. 그냥 흘려보낼 법한 장면 하나하나에도 집중하게 해주었을 뿐 아니라 단어마다 좀 더 깊이 묵상하게 해주었습니다. 한 컷 한 컷 드라마로 표현하고 나누기를 하면서 '한 본문을 가지고 이렇게 풍부하게 나눌 수도 있구나' 생각했습니다. 또 어떤 장면이 생각지도 못했던 방향으로 흘러가는 걸 보고 '그럴 수도 있겠구나' 하며 생각과 포용의 폭도 넓힐 수 있었습니다. ■ 이렇게 몸으로 즐겁게 활동을 하면서 성경을 익힌다면 정말 오래오래 기억에 남을 것 같습니다. ■ 비블리오드라마는 성경과 제 삶을 연결시키는 고리가 되어주었습니다. ■ 비블리오드라마를 교회에 구체적으로 적용하는 방법을 배워 기쁩니다. ■ 중고등부 교육부서에 설교에 적용해보았더니 학생들의 참여가 늘어나고 큰 감동과 변화를 경험하는 것을 목격했습니다. ■ 성경이 '글'로 다가오지 않고 '이야기'로 다가왔습니다. ■ 기존에 시도했던 프로그램과 달리, 몸을 움직이는 웜업 활동에서도 말씀이 전달된다는 점이 놀라웠습니다. 아이들에게 즐겁고 신나는 시간이 될 거라 확신합니다. ■ 놀이를 통해 몸으로 성경말씀을 체화할 수 있어 아이들에게 최적화된 프로그램입니다. ■ 저희 교회학교의 무기력한 아이들을 일깨워줄 유익한 교육방법을 찾아 기쁩니다. 워크숍에 참여해 다양한 활동을 해보니 말씀을 새롭게 느끼고 현장감을 느낄 수 있었습니다. ■ 워크숍에서 배운 것을 저희 교회에 적용해 아이들에게 살아 움직이는 말씀을 전해주고 싶습니다.

성경이 살아나는 **비블리오드라마**

1판 1쇄 찍음 2018년 1월 20일
1판 1쇄 펴냄 2018년 1월 20일

펴낸곳 현대드라마치료연구소
펴낸이 김세준
글 김세준, 황헌영
편집 이미숙
교정 최새롬
책 디자인 · 사진 임민순, 이보라 / 유앤미디자인 www.younmi.kr

주 소 서울특별시 서초구 바우뫼로 20길 25 서두빌딩 B1
전 화 070-4118-5720, 02-3462-1973
홈페이지 **www.kimdt.net**
www.facebook.com/kimdt.net